Elisabeth Spiller, Jochen Bonk

NIEDERÖSTERREICH RADELT

Wald-, Wein-, Most- & Industrieviertel

WILD URB Kultbuch

verlag rittberger+knapp

Die Informationen in diesem Buch wurden mit größter Sorgfalt recherchiert. Dennoch können Fehler nicht vollständig ausgeschlossen werden. Die Benutzung dieses Buches und die Umsetzung der darin enthaltenen Informationen erfolgt ausdrücklich auf eigenes Risiko. Verlag, Autoren und Lektor können für etwaige Unfälle und Schäden jeder Art, die sich beim Besuch von oder bei der Anreise zu in diesem Buch beschriebenen Orten und Wegen ergeben, aus keinem Rechtsgrund Haftung übernehmen.

Alle Anreiseangaben ohne Gewähr.

Edition WildUrb
ISBN: 978-3-902999-08-5
1. Auflage April 2023

Autoren: Elisabeth Spiller, Jochen Bonk
Lektorat: Loris Knoll BSc. (grüngrätzlwege.at)
Coverfoto: Elisabeth Spiller
Medieninhaber: Rittberger+Knapp OG, Verlagsort: Mödling
Hersteller: Finidr, s.r.o., Herstellungsort: Tschechien
Karten enthalten Daten der ©OpenStreetMap-Mitwirkenden/
www.openstreetmap.org (ODbL-Lizenz)

 Kommentare und Fragen gerne an: *office@rittbergerknapp.com*

www.wildurb.com
www.rittbergerknapp.com

2 3
9
CZ
Waidhofen/Thaya
Gmünd
1
4
Retz 8
Horn
Zwettl
11
Hollabrunn
10 Mistelbach
7
SK
5 6
Krems
Korneuburg
Gänserndo
12
Ober-
österreich
Tulln
St. Pölten
Melk
16 17
Wien
20 Amstetten
13
14 Mödling
Lilienfeld
Baden
Bruck/Leitha
Scheibbs
Waidhofen/Ybbs
Wr. Neustadt
18
Burgenland
Mariazell 19
Neunkirchen
15
Steiermark

Inhalt

Willkommen

In Niederösterreich lässt es sich ausgezeichnet radeln. Die abwechslungsreichen Landschaften bieten zahlreiche Möglichkeiten für Tagestouren oder auch ausgiebigere Radelwochenenden. Fluss- und Fernradwege durchziehen das ganze Bundesland und auch wer gerne die Radltour mit weiteren Freizeit- und Sportaktivitäten kombinieren möchte, wird hier bestimmt fündig.

Einsame Wege im Waldviertel lassen sich mit belebten Kellergassen im Weinviertel verbinden und Abstecher in die Nachbarländer führen zu beeindruckenden UNESCO-Welterbestätten oder urwüchsigen Nationalparks. Barocke Stifte und Klöster sind malerisch in die Landschaft eingebettet und bieten sich für Zwischenstopps mit Kulturgenuss an. Genießen lässt es sich in Niederösterreich aber auch in zahlreichen Wirtshäusern oder rustikal beim Heurigen. Im Frühling verzaubert das Blütenmeer von Marillen, Dirndln oder Mostbirnen, während im Herbst die Naturparks in zahllosen Rottönen erstrahlen. Bekannte Highlights wie die uralte Kulturlandschaft der Wachau oder die römischen Ausgrabungen in Carnuntum lassen sich ebenso vom Rad aus entdecken, wie die deutlich unbekannteren Wackelsteine in der Blockheide oder die malerische Stadtmauer von Drosendorf.

Wir sehen unsere Touren als Vorschläge für Erlebnisse in der jeweiligen Region. Oft sind Varianten und Kombinationen möglich und auch eine Abkürzung mit der Bahn ist häufig eine ideale Möglichkeit. Auf praktisch allen Touren ist eine Gangschaltung ausgesprochen hilfreich, für die Fahrt nach Mariazell unabdingbar.

Selbstverständlich sind alle Touren E-Bike-tauglich – der Schwierigkeitsgrad ist dann entsprechend niedriger, als angeführt. Auf Schotter- oder Waldwegen empfehlen sich mehr Profil und breitere Reifen, was gleichzeitig die Flexibilität bei Alternativrouten erhöht. Und ganz wichtig: unbedingt Pickzeug oder einen Ersatzschlauch und eine Pumpe mitnehmen! Alle Angaben zur Fahrtzeit sind ohne Pausen angegeben.

Viel Spaß mit Schwung und Rückenwind, um die schönsten Seiten Niederösterreichs kennenzulernen!

Alle Wege sind online

Unsere Touren kannst du ganz einfach zusätzlich am Handy abrufen, indem du den QR-Code der jeweiligen Tour scannst, die Karte öffnest und schon geht Orientierung ganz einfach.

Falls du kein Handy benützen willst, öffne den Link *www.wildurb.at/maps*, klicke auf **NÖ RADELT**, dann auf die Tour und die gewünschte Karte. So kannst du die Map ausdrucken, das Höhenprofil anschauen und Dateiformate für dein Navigationsgerät downloaden.

LEGENDE PLAN

- Attraktion
- Gasthaus
- Schlafmöglichkeit
- Bademöglichkeit
- Spielplatz
- Bahn-Einstieg/-Ausstieg
- Bahn-Haltestelle
- EV6 Radwegnummer
- L62 Straßennummer

LEGENDE TEXT

5km[1)] (**1h**[2)]) | **R**[3)] | ↑**50hm**[4)] | **mittel**[5)]

1) Tourlänge, 2) Fahrzeit,

3) R (Rundfahrt) / S (Streckenfahrt)

4) Höhenmeter bergauf

5) Schwierigkeit:
einfach-mittel-schwer

TOUR 1

Wackelsteine

Mit den Nachbarn auf Du und Du

New Bikes on the block – immer im Grenzgebiet unterwegs geht es abwechselnd durch den ehemaligen Ostblock und die Blockheide. Die Waldviertler Wackelsteine begleiten uns auf der ganzen Tour bis ins beschauliche Litschau.

ANREISE
3950 Gmünd, Stadtplatz

ÖFFENTLICH
Wien Spittelau › Gmünd NÖ
Dauer: 2:03-2:11; REX41; fährt täglich

TOUR
42km (4h) | S | ↑490hm | einfach
Gmünd › NP Blockheide › Steinach › Alt-Nagelberg › Brand › Thaures › Gopprechts › Litschau
Hügelig, ruhige Asphalt-/Schotterwege

Wir starten am belebten **Stadtplatz** in **Gmünd**. Das historische Zentrum der Stadt wird vom mittig gelegenen alten Rathaus dominiert. Dieses hätte laut eines Gemeinderatsbeschlusses bereits in den 50er Jahren abgerissen werden sollen, was aber glücklicherweise vom Bundesdenkmalamt verhindert wurde. Um das heutige Stadtmuseum herum erstreckt sich der langgezogene Platz, dessen auffälligste Gebäude sicher die beiden Sgraffitohäuser aus dem 16. Jahrhundert sind. Eines der Häuser zeigt auf einer in der Renaissancezeit entstandenen vorgeblendeten Fassade Darstellungen aus der antiken Sagenwelt. Die Fassade des Nachbarhauses ist im Dekor etwas schlichter mit kleinteiliger Diamantierung, Fischgrätmuster und Figurenfries versehen. Die Technik des Sgraffitos kommt aus Italien und bedeutet so viel wie »kratzen«. Teile der oberen Putzschicht werden abgekratzt und erzeugen dann gemeinsam mit der darunterliegenden andersfarbigen Putzschicht ein Bild.

Wir kratzen nun lediglich die Kurve und unternehmen noch einen kurzen Abstecher nach **České Velenice**, bevor wir uns schließlich zum Natur-

©Spiller

Pozor! Státní hranice.

park Blockheide aufmachen. Dazu verlassen wir den Stadtplatz über die Bahnhofstraße, biegen rechts in die Weitraer Straße ein und folgen ihr bis zur Bleylebenstraße. Hier ist dann der **Grenzübergang** für Fußgänger und Radfahrer bereits angeschrieben. Bis zum Ende des ersten Weltkriegs gehörte dieser ehemalige Stadtteil Gmünds zu Österreich und hier lag auch der alte Bahnhof der Franz-Josefs-Bahn, der Gmünd gemeinsam mit der Waldviertler Schmalspurbahn zu einem wichtigen Verkehrsknotenpunkt und Zentrum des oberen Waldviertels machte. An der Brücke erinnert nur noch ein kleiner Überrest des Grenzzauns aus Zeiten des Eisernen Vorhangs daran, dass sich hier zwischen 1948 und 1989 eine streng bewachte Grenze befand.

Nun fahren wir kurz retour bis zu den Bahngleisen und folgen dann den Wegweisern des EV13 (Iron Curtain Trail). Dieser führt uns erneut ins

Iron Curtain Trail

Stadtzentrum Gmünd und dann auch bald bergan in den **Naturpark Blockheide**, wo wir dann neben einer Aussichtswarte bald auf den ersten sogenannten Wackelstein treffen.

Diese Naturdenkmäler sind nicht durch Gletscher transportiert worden, sondern durch die sogenannte Wollsackverwitterung entstanden. Über Jahrmillionen haben sich abgerundete Felsblöcke geformt, die oftmals auf ihrer Unterlage zu »balancieren« scheinen. Die Entstehung dieser außergewöhnlichen und mystisch anmutenden Felsen wurde von den Menschen früher oft in Mythen und Sagen verarbeitet und häufig kamen dann auch Riesen ins Spiel, die die unbeweglich erscheinenden Brocken in der Natur verteilt haben müssen.

Nach einer Abfahrt durch den Naturpark wähnt man sich im Handumdrehen in Südostasien, denn normalerweise sind im Waldviertel eher keine Wasserbüffel anzutreffen. Im Naturpark Blockheide gehören diese jedoch seit 2018 zum Landschaftsbild und helfen die ehemals artenreichen und gebietstypischen Feuchtwiesen wieder herzustellen. Für die moderne Landwirtschaft sind die Feuchtwiesen unrentabel und daher bildeten sich hier bald monotone Brachflächen aus, auf welchen meist nur mehr 4-5 Pflanzenarten vorkamen. Die Büffel machen sich mit großem Appetit über diese Pflanzen her und sind auch an den weichen Untergrund gut angepasst. So wird der ursprüngliche Zustand dieser alten Kulturlandschaft wieder hergestellt und gleichzeitig ein

©Spiller

Am Ludwigsthalerteich

©Spiller

Blockheider Büffel

effizienter Hochwasserschutz geschaffen. Neben den Wasserbüffeln mutet auch der Gelsenreichtum durchaus asiatisch an und wir verstehen nun, warum im Infopoint Blockheide Moskitospray verkauft wurde.

Sobald wir uns von den mächtigen Büffeln losgerissen haben, geht es retour über die Großeibensteiner Straße zum EV13, dem wir nun eine Weile folgen können. Der Weg ist gut beschildert und führt uns, oftmals schattig und schottrig, schließlich nach **Alt-Nagelberg**.

Die hier ansässige Glasbläserei ist nicht zu übersehen, da die farbenfrohen Erzeugnisse großflächig um die Verkaufs- und Produktionsflächen verteilt wurden. Später auf der Fahrt können wir dann häufiger Zeuge der großen Beliebtheit dieses Traditionsbetriebs werden, denn die unverwechselbaren Kunstwerke schmücken zahlreiche Gärten der Umgebung.

Glas-Shop-Stopp

Weiter geht es somit dann dem Radweg EV13 folgend ruhig dahin durch **Brand**, **Finsternau**, **Thaures**, **Goppechts** und **Schönau bei Litschau**.

Das Ziel der heutigen Etappe ist der Luftkurort **Litschau**, über dem das imposante Schloss als Wahrzeichen der nördlichsten Stadt Österreichs thront. Wir beenden unsere Fahrt am Stadtplatz, wo einige Lokale zu einem Abschlussgetränk oder einem Eis einladen.

Wer eine Ganzkörper-Erfrischung vorzieht, kann einfach noch ein paar Minuten ins nahegelegene Strandbad am Herrensee (Strandbadstraße 19) weiterradeln.

SEHENSWERTES

Altes aus Stadt und Land
Gmünd, Stadtplatz 2

Stadtwirtshaus Hopferl
Waldviertler Schmankerl
Gmünd, Stadtplatz 24

Bäckerei-Konditorei Döller
Handgemachte Mohnzelten
Gmünd, Stadtplatz 35

Glasschaugarten Alt Nagelberg
Scherben bringen kein Glück
Alt-Nagelberg, Hauptstraße 4

Gasthof Kaufmann
Waldviertler Spezialitäten
Litschau, Stadtplatz 88

Theaterfestival Hin & Weg Litschau
Sein oder nicht sein beim Theatersommer
www.hinundweg.jetzt

Schrammel.Klang.Festival Litschau
Woodstock des Wienerlieds
www.schrammelklang.at

©Spiller

Sgraffito

©Spiller

Schremser Moment

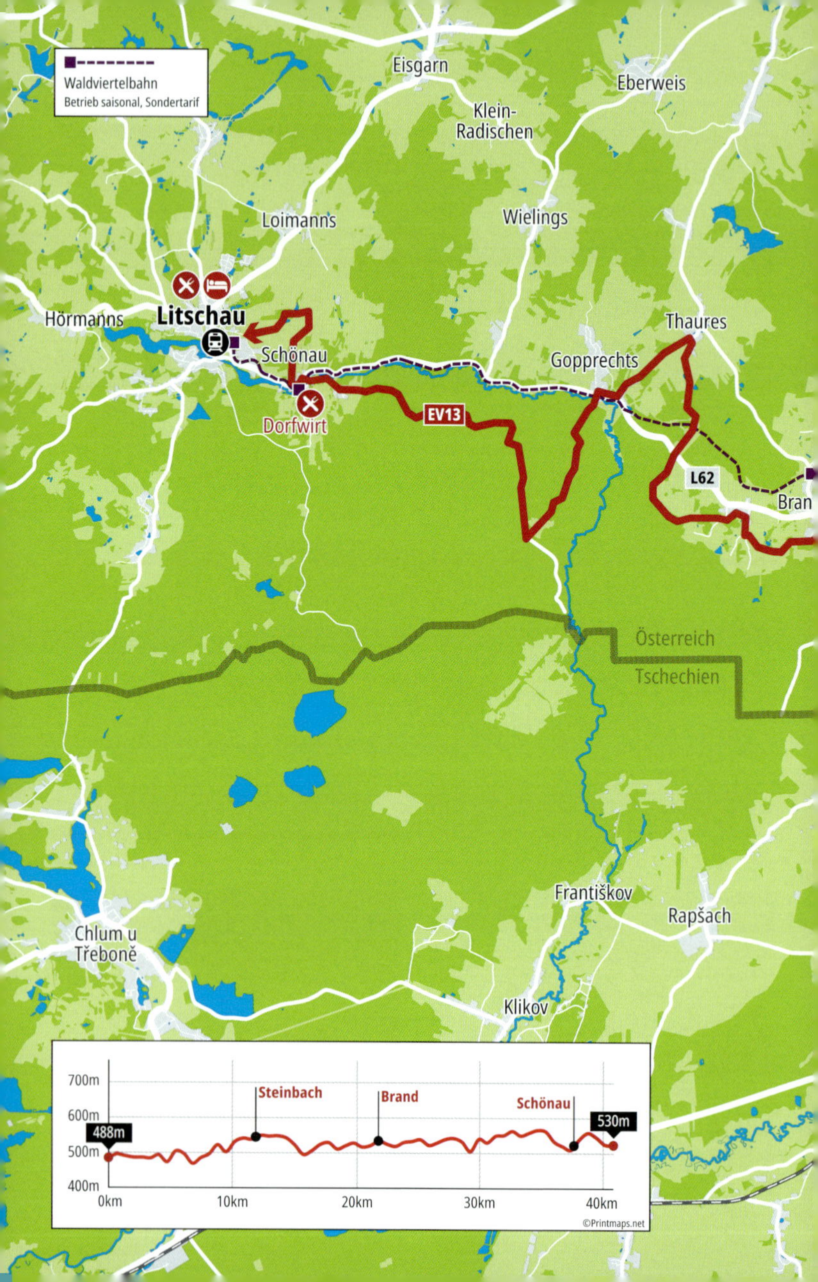
Waldviertelbahn
Betrieb saisonal, Sondertarif
Eisgarn
Eberweis
Klein-Radischen
Loimanns
Wielings
Hörmanns
Litschau
Schönau
Dorfwirt
Thaures
Gopprechts
EV13
L62
Bran
Österreich
Tschechien
Františkov
Rapšach
Chlum u Třeboně
Klikov
700m
600m
500m
400m
488m
Steinbach
Brand
Schönau
530m
0km
10km
20km
30km
40km
©Printmaps.net

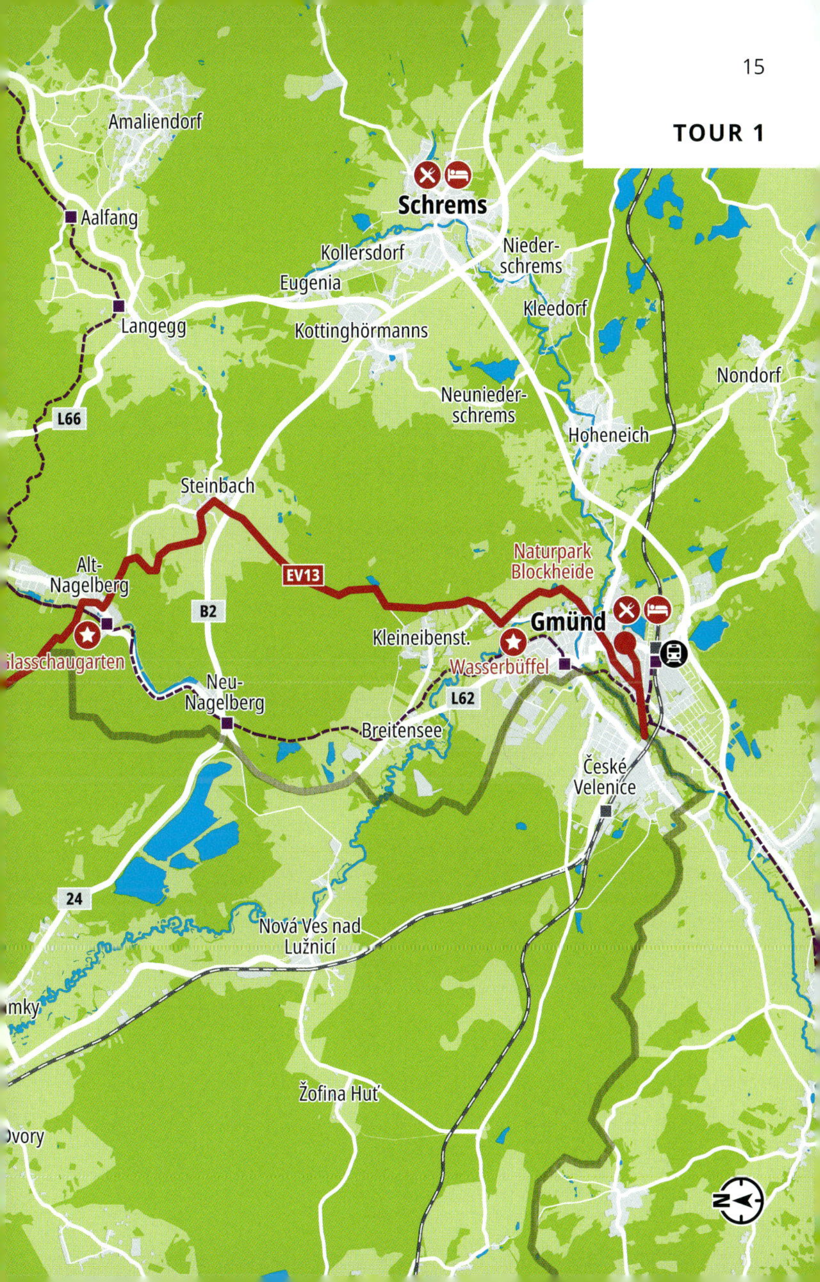
Amaliendorf
Aalfang
Schrems
Kollersdorf
Nieder-
schrems
Eugenia
Langegg
Kottinghörmanns
Kleedorf
Nondorf
Neunieder-
schrems
Hoheneich
L66
Steinbach
Alt-
Nagelberg
EV13
Naturpark
Blockheide
B2
Gmünd
Kleineibenst.
Glasschaugarten
Wasserbüffel
Neu-
Nagelberg
L62
Breitensee
České
Velenice
24
Nová Ves nad
Lužnicí
Žofina Huť
Dvory

TOUR 2

Zum Nordpol

Nördlicher geht's kaum

Bei dieser Tour gibt es erstmal nur eine Richtung: Hey, ab in den Norden. Wir radeln von der nördlichsten Stadt über das nördlichste Gasthaus zum nördlichsten Punkt Österreichs.

Ausgangspunkt dieser Tour ist Litschau, eine der attraktivsten Tourismusgemeinden des Waldviertels. Die Stadt am Herrensee veranstaltet nicht nur jedes Jahr im August das *Theaterfestival hin und weg*, sondern auch das sogenannte *Woodstock des Wienerlieds*, das *Schrammel.Klang.Festival*. In der Stadt stolpert man immer wieder über den Namen Schrammel, was insofern verwundert, da man den Begriff Schrammelmusik ja eher als Synonym für die Unterhaltungsmusik in den Wiener Heurigenlokalen sehen würde. Die Brüder Schrammel haben aber ihren familiären Ursprung in Litschau und so hat man sich hier im Waldviertel diesem Musikgenre verschrieben und bezeichnet sich unter anderem auch schon am Ortseingang als »Schrammelstadt Litschau«.

Wir beginnen die heutige Fahrt am **Stadtplatz**, dem Zentrum Litschaus. Zuerst geht es ein kurzes Stück bergab

ANREISE

3874 Litschau, Stadtplatz

ÖFFENTLICH

Wien Spittelau › Gmünd NÖ
Dauer: 2:03-2:11; REX41; fährt täglich

Gmünd NÖ › Litschau (Sondertarif)
Dauer: 0:55; saisonal Mi, Sa, So; teilw. tgl.

TOUR

42km (4¼h) | R | ↑550hm | mittel
Litschau › Haugschlag › Litschau
Ruhige Asphalt-/Schotter-/Waldwege

in Richtung des **Schlosses Litschau**. Es thront eindrucksvoll auf einem Felsen westlich des Hauptplatzes. Das Schloss wurde schrittweise erweitert, neben der mittelalterlichen Kernburg kann man das sogenannte Neue Schloss erkennen, das erst aus dem 18. Jahrhundert stammt. Am Fuß des Felsens stehen außerdem ein Meier-

©Spiller

Home of Schrammelmusik

hof sowie mehrere Wirtschaftsbauten. Mit dem ausgehenden Mittelalter erfolgte der Umbau zu einem Renaissanceschloss. Das Schloss ist in Privatbesitz und auch bewohnt, weshalb es leider nur von außen bestaunt werden kann.

Weiter geht es nun auf der Schläger Straße, wo wir uns an den Schildern in Richtung **Josefsthal** orientieren. Josefsthal war eine ehemalige Glasbläserkolonie, von denen es ab dem 15. Jahrhundert im nordwestlichen Waldviertel über hundert gab. Hauptgrund für die Ballung dieses Handwerks in der Region war, dass hier ausreichend Holz für die Befeuerung der Glashütten zur Verfügung stand. Letztendlich wurde aber ein derartiger Raubbau am Wald betrieben, dass schließlich sogar Josef II. per Dekret empfahl, besser auf Steinkohle als Brennmaterial umzusteigen. Wie bei den meisten ehemaligen Glasbläserkolonien ist auch in Josefsthal kaum

Schloss Litschau

noch etwas von der alten Besiedelung zu erahnen. Generell ist die Tour von einsamen Wegen und Wäldern geprägt, verlassene Siedlungen sind somit in der Gegend nichts Ungewöhnliches.

An der Kreuzung halten wir uns rechts und radeln weiter bis zu einem Abzweig Richtung **Rottal** sowie zum Gasthaus Perzy. Wir folgen der Straße nun durch eine mystisch anmutende Waldlandschaft, bis wir beim nördlichsten Gasthaus Österreichs ankommen, das aber leider zurzeit nur bei entsprechender Vorreservierung seine Pforten öffnet. Einsamkeit allerorten.

An der nächsten Rechtskurve verlassen wir die Landstraße und fahren ein Stück geradeaus weiter. Bald zweigt links am Feldrand ein kleiner Pfad ab, dem wir recht holprig bis zu einem Kreuzungspunkt mehrerer Wanderwege folgen. Ein Schild weist den Weg zum **nördlichsten Punkt Österreichs**, den man aufgrund des steilen Wegs aber besser ohne Fahrrad besucht. Österreich und Tschechien sind hier nur durch einen kleinen Bach getrennt und man fragt sich unweigerlich, wie dieser Ort wohl zu Zeiten des Eisernen Vorhangs ausgesehen haben mag. Heute ist auf jeden Fall nicht mehr zu erkennen, dass sich hier bis 1989 eine schwer zu überwindende Grenze befand.

Von unserem Radabstellplatz aus halten wir uns auf den Wanderwegen **70a** und **608** tendenziell links bevor wir bei der nächsten Abzweigung

©Spiller

Gemeiner Lein

©Spiller

Verlassene Glasbläserkolonie

dann gleich wieder rechts abbiegen und nach einer erneuten Linkskurve schließlich wieder Asphalt unter den Reifen haben. Über die Landstraße radeln wir weiter nach **Rottal**. Die ehemalige Holzfällerkolonie gilt nicht nur als die nördlichste Ansiedelung Österreichs, sondern auch als die größte heimische Brutstätte der Mopsfledermaus. Da wir nicht die Zeit haben, bis zur Abenddämmerung zu warten, lassen wir Mopsfledermäuse Mopsfledermäuse sein und radeln weiter über **Haugschlag** nach **Griesbach**. Hier in der Gegend ist tendenziell jede Stadt, jede Gemeinde und jede Ansiedlung die jeweils »nördlichste« Österreichs. Im Falle Haugschlags sieht man sich als die nördlichste Gemeinde.

In Griesbach verlassen wir die Landstraße und fahren auf österreichischer Seite weiter und erreichen durch **Grametten** und **Hirschenschlag** sowie das ein oder andere Hanffeld schließ-

Land der Karpfenteiche

lich das Hanfdorf **Reingers**. Hier hat man sich dem Anbau und der Verarbeitung dieser alten Kulturpflanze verschrieben und so gibt es im Ort alles zum Thema Hanf, wie Anbau und Verarbeitung, bis zu den vielfältigen Einsatzgebieten. Rund um Reingers stechen uns wieder die zahlreichen Teiche ins Auge, die zwar künstlich angelegt wurden, aber meistens schon richtig alt sind. Sie wurden hier im Waldviertel einst für die Karpfenzucht angelegt und fügen sich heute harmonisch in die Landschaft ein.

Der nächste Ort auf unserem Weg ist **Leopoldsdorf**. Von hier aus leitet uns der EV13 retour nach **Litschau**. Alternativ besteht die Möglichkeit, analog zur Tour 3 den asphaltierten Weg nach Litschau zu nehmen.

SEHENSWERTES

Gasthaus Perzy
Das nördlichste Gasthaus Österreichs
Haugschlag, Rottal 22; perzy.at

Gasthaus Malzer
Hirschenschlag 18

Riedl's Genusswelt
Restaurant, Kaufhaus, Radwerkstatt
Reingers, Leopoldsdorf 18

Hanfdorf Reingers
Hanfausstellung, Hanfshop, Camping
www.reingers.gv.at

Dorfwirt Litschau
Waldviertler Spezialitäten schlemmen
Litschau, Buchenstraße 1

Müssauer
Die Schokoladen-Manufaktur
Litschau, Stadtplatz 66

Herrensee Litschau
Strandbad und Festivalstätte*
**Mehr dazu siehe Tour 1*

©Spiller

Nördlichste Kinderradln

©Spiller

Hoher Hanf

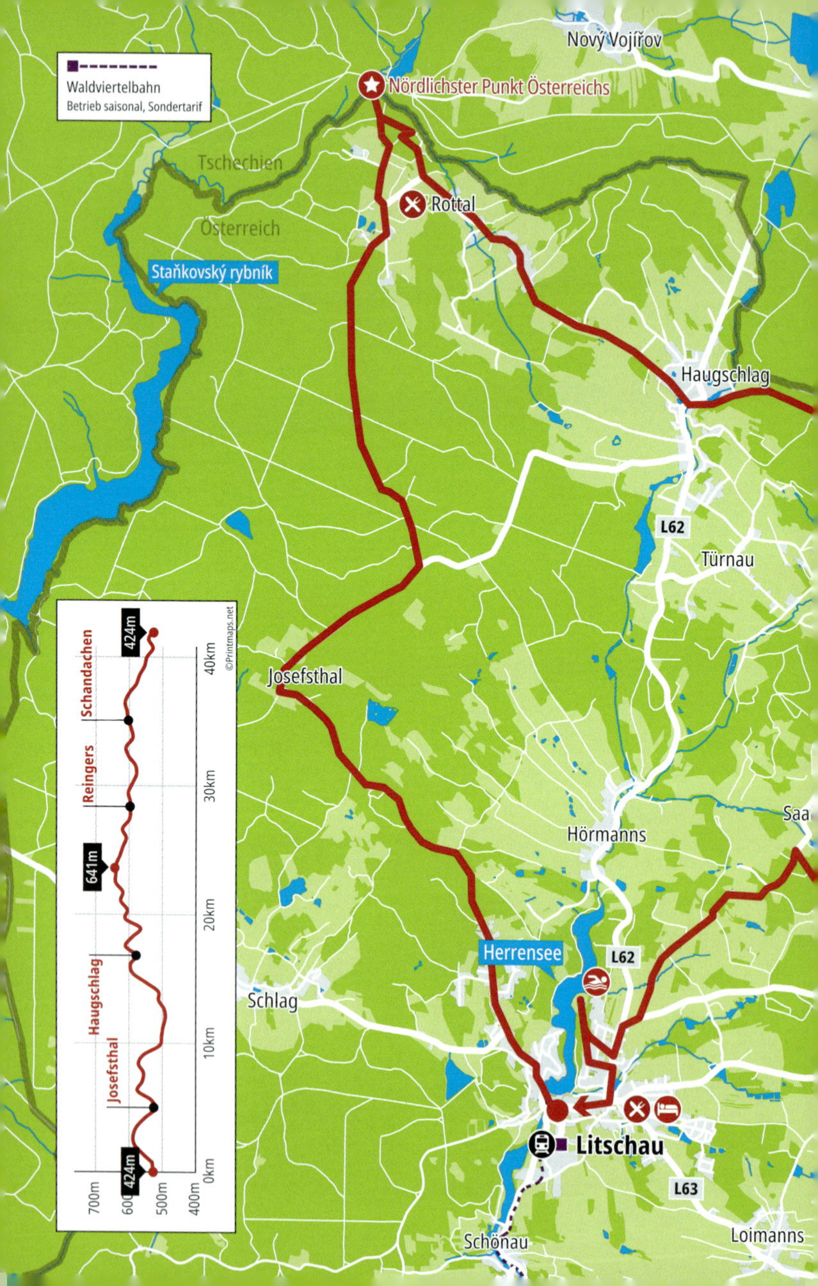

Waldviertelbahn
Betrieb saisonal, Sondertarif
Nördlichster Punkt Österreichs
Nový Vojířov
Tschechien
Österreich
Rottal
Staňkovský rybník
Haugschlag
L62
Türnau
Josefsthal
Hörmanns
Saa
Herrensee
L62
Schlag
Litschau
L63
Schönau
Loimanns
424m
Schandachen
Reingers
641m
Haugschlag
Josefsthal
424m
700m
600m
500m
400m
0km
10km
20km
30km
40km
©Printmaps.net

Nová Bystřice
Mnišsky rybník
Artolec
Mýtinky
Kotlacke
Grametten
esbach
B5
Hirschenschlag
Illmanns
Kleinhirschen-
schlag
Hanfdorf
Reingers
Kalkberghäuser
chandachen
B5
EV13
Leopoldsdorf
nschlag
Parten
N

Mehr Moor

I want Moor

Diese Tour führt uns hügelig und hyggelig durch verwunschene Wälder und geheimnisvolle Moore sowie in den kleinsten Naturpark des Landes, durch den sich eine Mini-Wanderung anbietet.

Wir starten am **Stadtplatz Litschau** und fahren leicht bergan aus der Stadt bzw. halten uns an die grünen Radwegweiser **Waldviertel-Radweg**. Dieser leitet uns über Reitzenschlag nach Leopoldsdorf. Alternativ könnte man auch den EV13 wählen, der aber etwas holpriger ist (siehe auch Tour 2).

In **Leopoldsdorf** angelangt halten wir uns an der Landstraße bis kurz vor **Groß-Radischen**, dann weiter nach **Guggus**. In Guggus sehen wir eine schöne Allee vor uns, hier halten wir uns rechts, statt dem Radwegweiser zu folgen. Wir fahren nun weiter nach **Eggern**, wo wir uns dann vor dem Friedhof rechts in den Wald hinein orientieren. Hier rumpelt's eine Weile, bis wir bei **Rohrbach** wieder auf einen asphaltierten Weg gelangen. Nun folgen wir den grünen Radschildern über **Motten** in Richtung **Heidenreichstein**.

ANREISE
3874 Litschau, Stadtplatz

ÖFFENTLICH
Wien Spittelau › Gmünd NÖ
Dauer: 2:03-2:11; REX41; fährt täglich
Gmünd NÖ › Litschau (Sondertarif)
Dauer: 0:55; saisonal Mi, Sa, So; teilw. tgl.

TOUR
50km (4h) | S | ↑390hm | einfach
Litschau › Schrems › Gmünd
Hügelig, ruhige Asphalt-/Schotterwege

Am Weg dorthin lohnt es sich, die Räder abzustellen und einen ausgedehnten Spaziergang durch den kleinsten Naturpark Österreichs zu unternehmen. Der Naturpark Heidenreichsteiner Moor wurde 1989 begründet. Er besteht zu einem Drittel aus einem offenen Hochmoor, das an den mit Fichten, Kiefern und Birken bewach-

©Spiller

Fenster zum Hof

senen Moorwald grenzt. In der Vergangenheit wurde hier Torf gestochen, mit dem gestiegenen Bewusstsein der ökologischen Bedeutung von Mooren wurde dann aber versucht, das ursprüngliche Moor zu renaturieren.

Moore sind gewaltige Kohlendioxidspeicher und binden etwa zehnmal so viel dieses Treibhausgases wie ein vergleichbar großer Wald. Auf dem kurzen Rundwanderweg kann man sich an zahlreichen Schautafeln über das Ökosystem Moor und seine Entstehung informieren, bevor man sich dann auf dem Prügelsteg direkt ins Moor begibt, wo man neben Libellen, Fangspinnen und der typischen Moorflora mit etwas Glück auch einen der Seeadler sehen kann, die hier in verhältnismäßig großer Zahl leben.

Ein Abstecher zum Naturdenkmal »Hängender Stein«, einem riesigen Granitrestling, komplettiert die kurze Wanderung.

Bridge over troubled Moor

Eben noch im Moor, jetzt bereits in **Heidenreichstein**. Mit seiner imposanten Burg, die mitten im Herzen der Stadt steht, hat Heidenreichstein einen Top-Blickfang zu bieten. In der Burg und um sie herum bieten sich zahlreiche Gelegenheiten für stimmungsvolle Erinnerungsfotos und nur eine Straße weiter lädt auch der Hauptplatz zum Verweilen ein.

Die Siedlung Heidenreichstein entstand wahrscheinlich mit der Gründung der Burg um 1160. Der Name leitet sich von einem Burggrafen – wie könnte es anders sein – namens Heidenreich ab. Gemeinsam mit der Region Südböhmen versucht man wie in vielen Gegenden des Waldviertels, vom Trend eines sanften Tagestourismus zu profitieren.

Von der Schremser Straße biegen wir rechts in die Pertholzer Straße ein und folgen dem **Waldviertel-Radweg** Richtung **Amaliendorf**. Kurz nach Amaliendorf treffen wir wieder auf einen Wackelstein, der – obwohl etwa 105 Tonnen schwer – mit etwas Geschick und Know-how dennoch bewegt werden kann. Kleiner Tipp: Am linken Rand ausprobieren.

Der nächste auffällige Stein wurde in früherer Zeit von den Einwohnern Amaliendorfs im Waldviertel »Kas im Loab« genannt. Da in den Köpfen unserer Vorfahren schon immer Riesen eine große Rolle gespielt haben, darf es einen nicht verwundern, wenn man dieses Steingebilde mit einem großen Stück Käse in einem Laib Brot verglich. Der nächste Gedanke war

©Spiller

Burg Heidenreichstein

©Spiller

Hängender Stein

dann, dass hier ein Riese seine Jause, sprich dieses Käsebrot, vergessen hat, das mit der Zeit zu Stein wurde. Eine Tafel beim Felsen bezeichnet die Formation auch folgerichtig als den ältesten Cheeseburger der Welt.

Wir folgen dem Radweg auf einem schönen Waldpfad zum **Eliasteich** und dann weiter bis nach **Schrems**. Wer in Schrems einen Abstecher ins kostenlose Moorbad machen möchte, verlässt den Radweg über die Mooszeile. Anschließend folgen wir der Gazeile zum Schremser Hauptplatz.

Bei Schrems denkt man ja gemeinhin an Bier und Schuhe, aber dass Schremser Granit auf dem Wiener Stephansplatz und der neugestalteten Mariahilfer Straße verlegt wurde, wissen wohl die wenigsten. Sowohl in der Privatbrauerei Schrems als auch in der Waldviertler Schuhwerkstatt werden Führungen nach Voranmeldung angeboten. Granitbegeisterte können

Schremser Moorbad

sich im Stadtmuseum Schrems diesbezüglich schlau machen.

Wir folgen von Schrems dem **Waldviertel-Radweg** nach **Niederschrems** und erreichen schließlich **Gmünd**. Auf der Strecke liegt kurz vor Hoheneich zur linken der Mitterteich. Für einen kurzen Badestopp muss man offiziell ein kleines Stück schieben, da das Befahren des Weges verboten ist. Bei unserem Besuch hielt sich aber keiner der Einheimischen dran.

Rundum erfrischt geht es retour zur Straße und bei nächster Möglichkeit dann rechts in Richtung Hoheneich und Gmünd, wo wir am Stadtplatz unsere Fahrt beenden und auch sofort auf ein Eis in Franzis Eisdiele im alten Rathaus gehen können.

SEHENSWERTES

Käsemacherwelt
Schaumanufaktur und Shop
Heidenreichstein, Litschauer Straße 18

Burg Heidenreichstein
Besichtigung mit Führung möglich
www.kinsky-heidenreichstein.at

Naturpark Heidenreichsteiner Moor
Der kleinste Naturpark Österreichs
Heidenreichstein, Waidhofener Straße 80

Moorbad Schrems
Kostenloses Freibad mit Hochmoor-Wasser
Schrems, Moorbadstraße 2

Schremser Bier
Führung und Verkostung auf Anfrage
Schrems, Niederschremser Straße 1

Waldviertler Schuhwerkstadt
Werksführung von Montag (10:30/13:30) bis Samstag (10:00) ohne Anmeldung.
Schrems, Niederschremser Straße 4b

Für Litschau und Gmünd siehe Touren 1&2.

©Spiller

Prost!

©Spiller

Altes Rathaus Gmünd

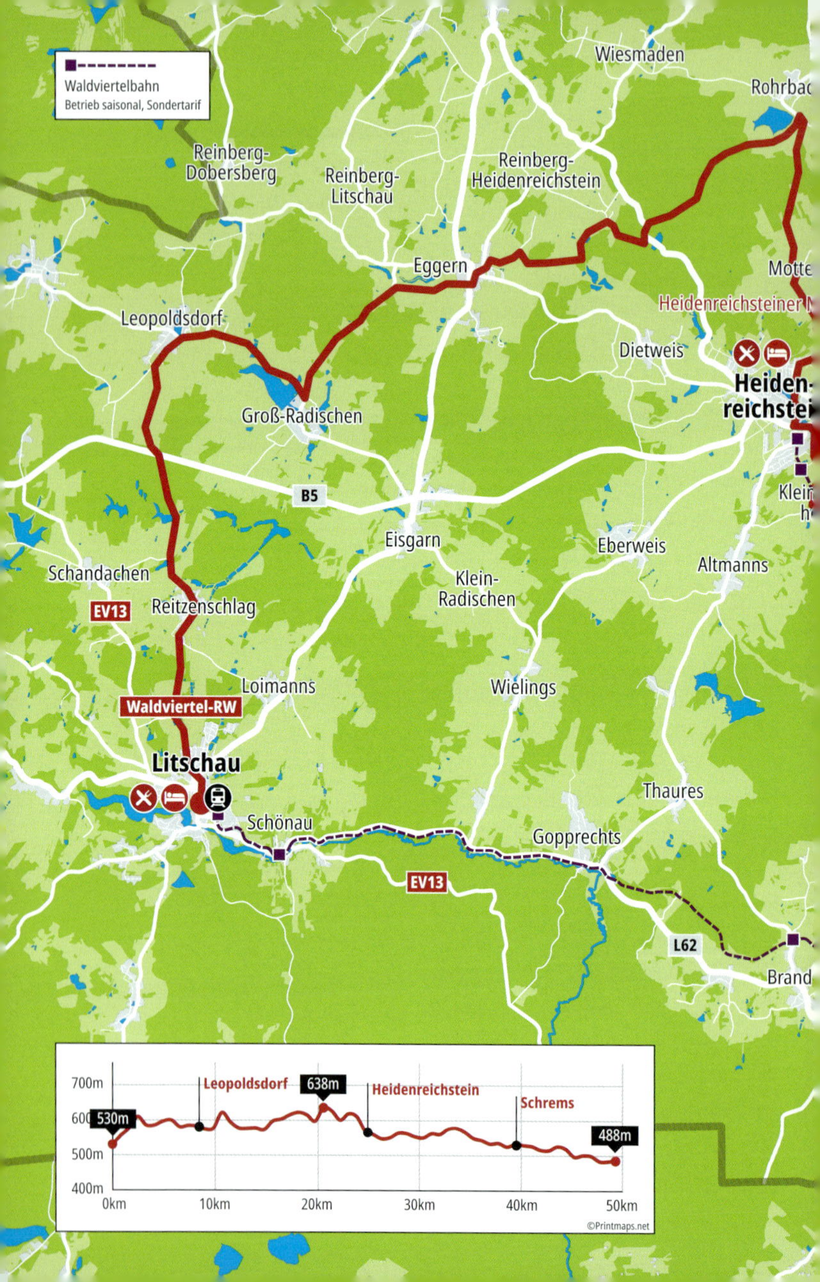

Waldviertelbahn
Betrieb saisonal, Sondertarif
Wiesmaden
Rohrbac
Reinberg-Dobersberg
Reinberg-Litschau
Reinberg-Heidenreichstein
Eggern
Motte
Heidenreichsteiner
Leopoldsdorf
Dietweis
Heiden-reichstei
Groß-Radischen
B5
Klein
Eisgarn
Eberweis
Altmanns
Schandachen
Klein-Radischen
EV13
Reitzenschlag
Loimanns
Wielings
Waldviertel-RW
Litschau
Thaures
Schönau
Gopprechts
EV13
L62
Brand
700m
600m
500m
400m
530m
Leopoldsdorf
638m
Heidenreichstein
Schrems
488m
0km
10km
20km
30km
40km
50km
©Printmaps.net

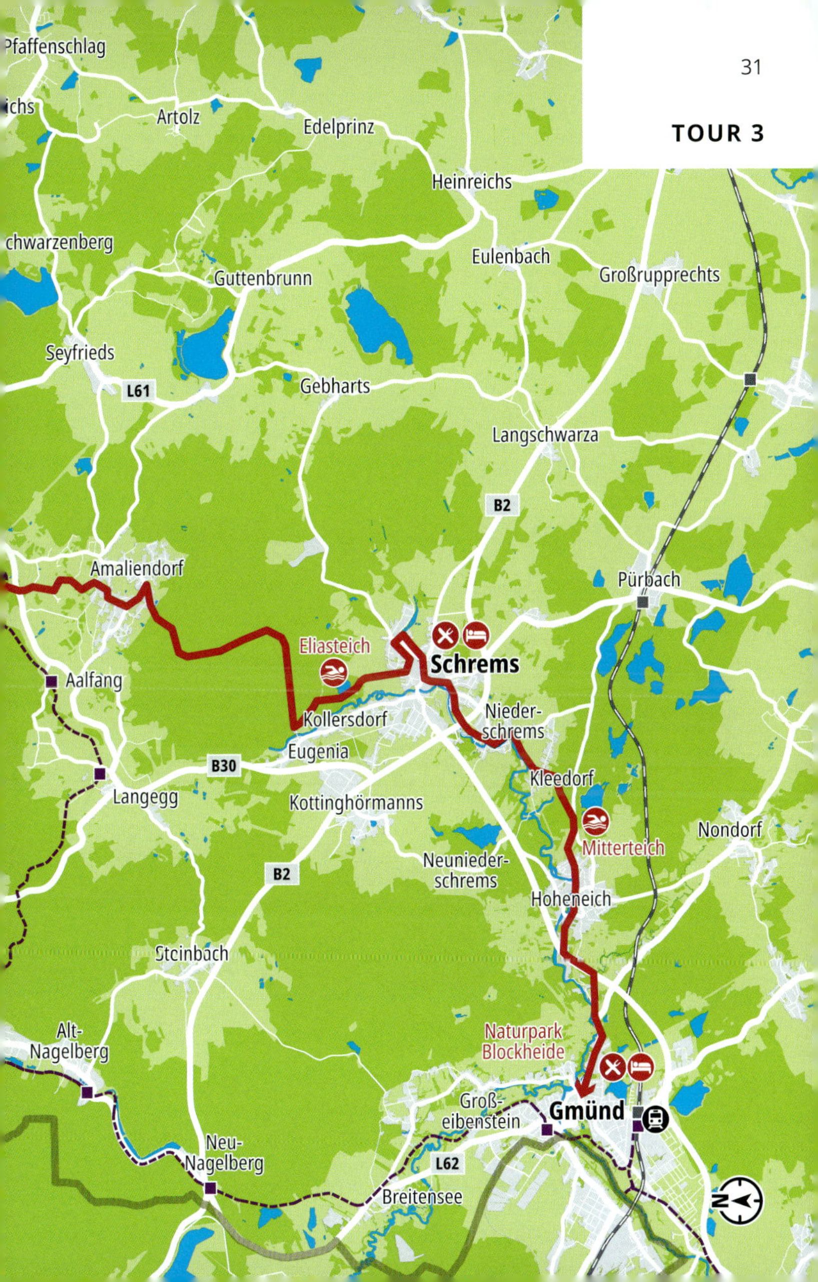
Pfaffenschlag
ichs
Artolz
Edelprinz
Heinreichs
chwarzenberg
Eulenbach
Großrupprechts
Guttenbrunn
Seyfrieds
L61
Gebharts
Langschwarza
B2
Amaliendorf
Pürbach
Eliasteich
Schrems
Aalfang
Nieder-
schrems
Kollersdorf
Eugenia
B30
Kleedorf
Langegg
Kottinghörmanns
Mitterteich
Nondorf
Neunieder-
schrems
B2
Hoheneich
Steinbach
Naturpark
Blockheide
Alt-
Nagelberg
Groß-
eibenstein
Gmünd
Neu-
Nagelberg
L62
Breitensee

TOUR 4

Thayatraum

Drahtesel statt Dampfrösser

Heute verläuft ein großer Teil unserer Strecke auf ehemaligen Bahntrassen. Eine gute Nachricht für alle, die beim Radeln auf die eigene Beinarbeit setzen: Größere Steigungen sind auszuschließen und das hügelige, wie auch vom Untergrund etwas herausforderndere Stück zwischen Raabs an der Thaya und Dobersberg ist nur ein kurzes Intermezzo auf einer ansonsten moderaten Strecke.

ANREISE
3800 Göpfritz an der Wild, Bahnhof

ÖFFENTLICH
Wien Spittelau › Göpfritz
Dauer: 1:36; REX41; fährt täglich

TOUR
78km (5½h) | R | ↑600hm | mittel
Göpfritz › Raabs › Karlstein › Dobersberg › Hohenwarth › Waidhofen an der Thaya › Göpfritz
Hügelig, größtenteils Asphaltwege

Die Tour startet an der **Bahnstation Göpfritz an der Wild**. Die Beschilderung ist top und wir müssen nur den Radwegweisern der **Thayarunde** über die Bahngleise Richtung Raabs an der Thaya folgen.

Über Feld und Wald erreichen wir die Textilstadt **Groß-Siegharts**. Um 1720 war Groß-Siegharts ein Dorf mit etwa 20 Häusern und einem Rittersitz, der dem Grafen von Mallenthein gehörte. Dieser plante, dass hier ein Zentrum der europäischen Textilindustrie entstehen sollte und warb dafür Fachkräfte aus Schwaben, Mähren und Sachsen an, für die er rund 200 Häuser bauen ließ. Zuerst lief das Geschäft ausgezeichnet und die »Bandlwaren« wurden von fahrenden Händlern in der ganzen Donaumonarchie verkauft. Von diesen »Bandltragern« leitet sich auch der Name der Region »Bandlkramerlandl« ab. Der ehrgeizige Industrialisierungsplan scheiterte zwar nach einigen Jahren, aber der Grundstein für eine langzeitige Ausrichtung der Region in Richtung Tex-

©Spiller

Empfang in Groß-Siegharts

tilwirtschaft war trotzdem gelegt. Über die Ursprünge dieser Industrie in der Gegend kann man sich im »Lebenden Textilmuseum« in einer ehemaligen Bandfabrik informieren.

Der nächste Ort auf der Route beeindruckt schon bei der Anfahrt, der erste Blick auf **Raabs an der Thaya** gebührt gleich einmal dem imposanten Schloss. Nach den ersten Fotos queren wir dann die Thaya über eine schöne klassische Eisenträgerbogenbrücke und suchen uns am Hauptplatz ein Lokal unserer Wahl für eine kleine Jause.

Frisch gestärkt geht es beim Gasthaus Stadtkrug links weiter und wir folgen nun eine Weile dem Radweg 8. Die Höhenmeter, die uns vorhin herrlich bergab nach Raabs geführt haben, müssen wir nun wieder im Anstieg ausgleichen. Unterwegs nach **Karlstein an der Thaya** bietet uns die Strecke dann ein stetiges Bergauf-

Burg Raabs

bergab und schließlich erkennen wir hoch über dem Ort die mittelalterliche Burg Karlstein.

Sie überragt den gleichnamigen Markt, der einst Zentrum des *Horologenlandes* war. Dieser Name bezieht sich auf die erfolgreiche Erzeugung sogenannter *Schwarzwälder Uhren*, die von Hausierern in der ganzen Monarchie verkauft wurden. Schließlich war sogar in der Burg eine Uhrenfabrik eingerichtet. Stetige Veränderungen prägen die Burg im Allgemeinen, aufgrund der zahlreichen Umbauten ist vom ursprünglichen Charakter der mittelalterlichen Burganlage praktisch nichts mehr erhalten. Neben der Zeit als Uhrenfabrik wurde sie noch als Jugendherberge, Gefängnis, Pension und schließlich für Ferienwohnungen adaptiert. Da sie sich im Privatbesitz befindet, kann man sie nur von unten bestaunen.

Unser nächster Orientierungspunkt ist **Münchreith**. Ab hier halten wir uns an die **Kräuter-Radroute** bis nach **Dobersberg**, wo wir wieder auf die **Thayarunde** treffen und dieser dann bis **Waidhofen an der Thaya** gemütlich folgen können. Hier angekommen orientieren wir uns an der **Kamp-Thaya-March-Radroute**.

Nahe der Thaya sehen wir die größte Waldrappvoliere der Welt. Diese Ibisvögel sind schon lange stark gefährdet und wurden in Europa bereits vor rund 400 Jahren ausgerottet. Angeblich auch, weil sie als Delikatesse galten. Schutzprogramme und Nachzucht

©Spiller
Thayaausblick

©Spiller
Burg Karlstein

zeigten in Österreich und Deutschland erste Erfolge, waren jedoch recht aufwendig. Waldrappe sind Zugvögel und lernen die Flugrouten als Jungvögel von ihren Eltern. Die ausgewilderten Jungvögel brauchen hier Hilfe und mangels Elternvögel mit Erfahrungswerten muss ihnen die Flugroute von einem Ultraleichtflugzeug als »Leitvogel« gewiesen werden. Nach einem Besuch der Voliere geht es dann über die Schlossgasse und das **Schloss** in das **Zentrum** der befestigten Altstadt von Waidhofen. Hier empfiehlt sich ein Rundgang entlang der Stadtmauer über die schönen Promenadenwege.

Wer etwas tiefer in die Geschichte der Stadt eintauchen möchte, kann noch einen Blick in das Stadtmuseum werfen oder auch in die Kelleranlagen aus dem Mittelalter hinabsteigen. Diese dienten der Bevölkerung vermutlich als Verstecke bzw. Fluchtwege. Zum Großteil sind sie zwar lei-

Zaungast

der verschüttet, ein Teil ist jedoch begehbar und kann besichtigt werden.

Wieder im Sattel radeln wir zurück zum **Schloss** und auf der leider recht stark befahrenen Wiener Straße. Achtung, nun nicht im schönen Schwung die Thaya queren, sondern vor der Brücke auf die Schilder des Radwegs achten.

Bis nach **Wohlfahrts** folgen wir der bekannten **Kamp-Thaya-March-Radroute**, danach wechseln wir auf die **Thayarunde Süd**, welche uns über **Windigsteig** und **Weinpolz** wieder retour nach **Göpfritz an der Wild** bringen wird, wo die recht lange, aber entspannte Tagestour endet.

SEHENSWERTES

Gasthof Goldene Krone
Raabs an der Thaya, Hauptplatz 4

Thayatal Vitalbad
Bade- und Saunaparadies
Raabs an der Thaya, Hauptstraße 2a

Uhrenmuseum im Horologenland
Mittwoch bis Samstag (13:00-16:00)
Karlstein, Hauptstraße 12

Naturpark Dobersberg
Wanderwege, Lehrpfade, Tiergehege
Dobersberg, Schlossgasse 1

Backkultur Kasses
Slowbaking im Waldviertel
Thaya, Hauptstraße 11

Müssauer – Vielfalt mit Genuss
Thayataler Schokoladen-Manufaktur
Waidhofen an der Thaya, Böhmgasse 19

Theater an der Mauer
Kultur im WaidhofnerAltstadtensemble
Waidhofen an der Thaya, www.tam.at

©Spiller

Waidhofener Altstadt

©Spiller

Gesunde Jause

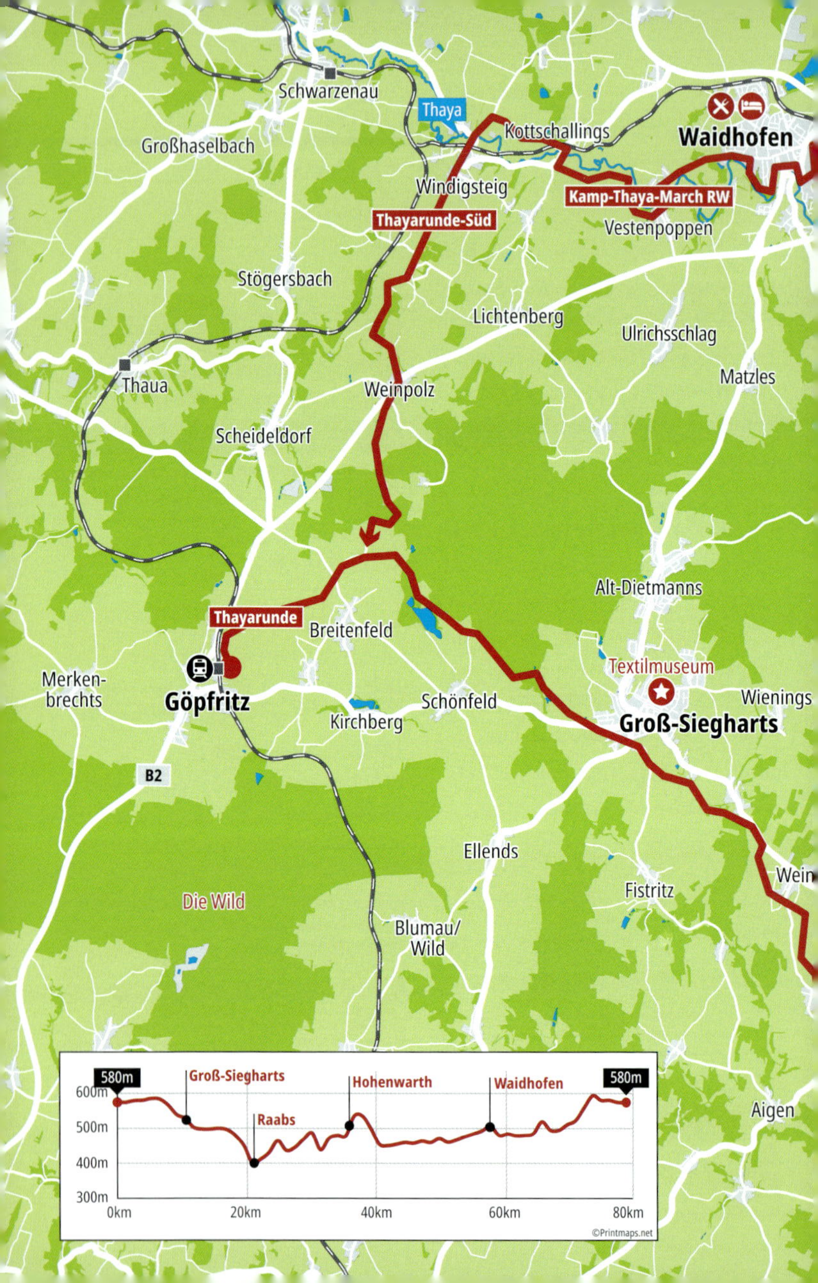
Schwarzenau
Thaya
Kottschallings
Waidhofen
Großhaselbach
Windigsteig
Kamp-Thaya-March RW
Thayarunde-Süd
Vestenpoppen
Stögersbach
Lichtenberg
Ulrichsschlag
Matzles
Thaua
Weinpolz
Scheideldorf
Alt-Dietmanns
Thayarunde
Breitenfeld
Textilmuseum
Merken-
brechts
Göpfritz
Schönfeld
Wienings
Kirchberg
Groß-Siegharts
B2
Ellends
Wein
Fistritz
Die Wild
Blumau/
Wild
Aigen
580m
Groß-Siegharts
Hohenwarth
Waidhofen
580m
600m
Raabs
500m
400m
300m
0km
20km
40km
60km
80km
©Printmaps.net

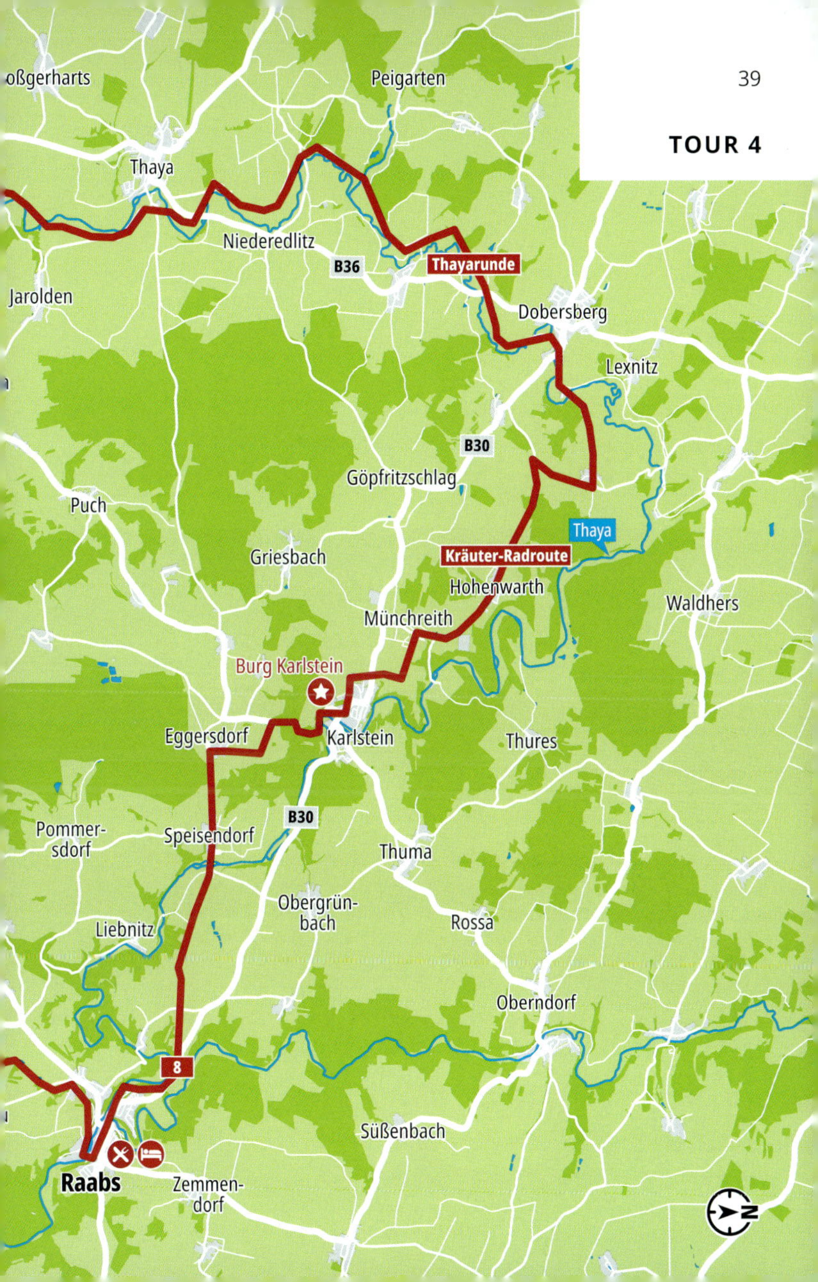
oßgerharts
Peigarten
Thaya
Niederedlitz
B36
Thayarunde
Jarolden
Dobersberg
Lexnitz
B30
Göpfritzschlag
Puch
Thaya
Kräuter-Radroute
Griesbach
Hohenwarth
Waldhers
Münchreith
Burg Karlstein
Eggersdorf
Karlstein
Thures
B30
Pommer-
sdorf
Speisendorf
Thuma
Obergrün-
bach
Liebnitz
Rossa
Oberndorf
8
Süßenbach
Raabs
Zemmen-
dorf

TOUR 5

Wachauer Originale

Mariandl, Marillen und der Wein

Diese Rundtour führt durch die uralte Kulturlandschaft der Wachau, die im Jahr 2000 in die UNESCO-Welterbeliste aufgenommen wurde. Idyllisch zwischen schroffen Felsen gelegen, war die Donau als Außengrenze des römischen Reichs hier ein Teil des Limes und aus den hier angelegten Befestigungsanlagen entstanden später die ersten Siedlungen. Bereits ab dem Jahr 800 lassen sich große Urbarmachungen der Landschaft nachvollziehen, die der Wachau ihre heutige Charakteristik gegeben haben. Im Mittelalter entstanden dann nicht nur die Weinterrassen, sondern auch die weitestgehend noch heute erhaltenen Städte, die auch kulturgeschichtliche Erwähnung im Nibelungenlied und durch die legendäre Entführung von Richard Löwenherz gefunden haben.

Traditionell durchquert man die Wachau auf dem Donauradweg, wir wollen aber einen Blick von oben riskieren und so führt uns unsere Runde auch hoch hinaus zwischen Wald und Wein auf einen Abstecher ins Waldviertel. Wer die Weinreben lieber von unten bestaunt, kann die Höhenwertung auch einfach auslassen und an der Donau entlang weiterfahren.

ANREISE
3500 Krems an der Donau, Bahnhof

ÖFFENTLICH
🚆 Wien Spittelau › Krems a. d. Donau
Dauer: 1:09; REX4; fährt täglich

TOUR
62km (6½h) | R | ↑718hm | schwer
Krems › Dürnstein › Weißenkirchen › Großheinrichschlag › Mühldorf › Spitz › Fähre › Rossatz › Mautern › Krems
Ein langer steiler Anstieg, Asphaltwege

Wir starten beim **Bahnhof Krems** und folgen dem **Kremstalradweg** zur Ringstraße, in die wir links einbiegen und der wir dann geradeaus Richtung **Donauradweg** D6 EV6 aus der Stadt hinaus folgen. Rechterhand des Rad-

©Spiller

Stift Dürnstein

wegs liegt die sehenswerte Kremser Altstadt mit dem Wahrzeichen der Stadt, dem Steiner Tor. Die ausgezeichnet erhaltene Altstadt verdanken wir kurioserweise der Erschließung der Region durch Eisen- und Autobahn im 19. und frühen 20. Jahrhundert. Mit der Reduktion des Schiffsverkehrs verarmte Krems und konnte sich keine Neubauten mehr leisten. Das Glück ist ein Vogerl. Wir bleiben am **Kremser Donauufer** und erreichen nach **Rothenhof** und **Unterloiben** schließlich **Dürnstein**. Hier bietet sich ein Halt bei der Safranmanufaktur und der Bäckerei Schmidl an, um ein *Original Wachauer Laberl* als Proviant einzukaufen. Dürnstein gilt als schönster Ort der Wachau und er wird mit den Geschichten rund um Richard Löwenherz und seinem treuen Diener, dem Sänger Blondel, noch ein wenig romantischer. Im Schatten des über der Donau aufragenden blauen Kirchturms des ehemaligen Augustiner-Chorherren-Stifts lockt ein kleiner

Dürnsteiner Klostergassl

Besichtigungsspaziergang, zumal die Innenstadt sowieso Fußgängerzone ist und Räder grundsätzlich geschoben werden müssten.

Nachdem wir Dürnstein hinter uns gelassen haben, liegt vor uns **Weißenkirchen**, der größte Weinbauort der Wachau, der tatsächlich nach den hellen Steinen seiner Kirche benannt wurde. Eben jene Kirche und den Teisenhoferhof, den schönsten Profanbau der Wachau, sollte man sich auf jeden Fall anschauen. Gebaut wurde dieser Renaissance-Innenhof von einem reichen Winzer und er zeigt, wie auch die verzierten Bürgerhäuser aus dem 15. und 16. Jahrhundert, welchen Wohlstand der Wein dem Ort brachte. Wer nun die Bergwertung nicht scheut, biegt nach der Bäckerei Hörmer rechts zum **Rathausplatz** ab und verlässt damit den Donauradweg. Hier gehts geradeaus weiter, leicht bergan, bis wir zur Landstraße gelangen. Jetzt heißt es ordentlich zu strampeln, bis wir bei einer Linkskurve die Landstraße scharf nach rechts in Richtung Seiber verlassen. Im lichten Wald mühen wir uns bis nach **Großheinrichschlag**, wo wir den Höhepunkt der Bergwertung erreichen. Nach einem kleinen Getränkestopp geht es weiter in Richtung **Himberg**, wo wir dann gegenüber dem Gasthaus Kirchberger nach links Richtung Spitz abbiegen. Blitzschnell bergab führt unser Weg auf einer Top-Abfahrt bis nach **Niederranna** und **Mühldorf**. Durch das größte Seitental der Wachau, den Spitzer Graben, fahren wir weiter auf dem Radweg **Südliches Waldviertel**, bis

Wachauer Marillenblüte

Rebentor in Stein

wir zur Rechten die Ruine Hinterhaus über der Stadt **Spitz** erblicken. Sie ist ein beliebtes Ausflugsziel und die Wehrmauern, der romanische Palast, sowie der Bergfried sind noch gut erhalten. Einmal im Jahr erscheint Gerüchten zufolge auch Adelheid, der Geist der verstorbenen Frau Heinrichs des Eisernen, die dem Exgatten aufgrund eines nicht eingehaltenen Trauerjahres zürnt.

Von Spitz bringt uns die **Rollfähre** (je nach Saison, im Internet checken) aufs etwas ruhigere, rechte Donauufer, nach **Arnsdorf**. Nun geht es stromabwärts auf dem **Donauradweg** D6 EV6 zurück. Bei der Fährenstation St. Lorenz können wir die Wachauer Nase bewundern. Sie wurde 2014 hier am Stromkilometer 2014 von der Künstlergruppe Gelatin installiert und stellt die Nase eines Riesen dar, der in der Wachau eingeschlafen ist und von dem nur noch die Nase aus der Erde ragt. Funfact: Von 70 gecasteten Nasen der Region wurden Gipsabdrücke genommen und nun ist die Nase ein Hybrid aus der des Sohns des Bürgermeisters und einer in der Wachau lebenden Hamburgerin.

Durch die Obstgärten geht es an der Donau entlang, die bei **Rührsdorf** zu einem kurzen Badestopp einlädt. Dazu verlassen wir den Radweg nach dem Gasthaus Essl in Richtung der Donau und überqueren eine Brücke zu einer kleinen Bucht, die im Rahmen der Renaturierung des Flussufers entstanden ist. Ausgiebig erfrischt radeln wir an Marillenbäumen vorbei, bis nach **Mautern**. Für Schaumrollen-Aficionados lohnt sich eine Ehrenrunde zur Bäckerei Krenn. Wer es gern deftiger mag, ist im schönen Innenhof des Nikolaihofs richtig.

Über die Mauterner Brücke erreichen wir dann wieder **Krems**. Wer noch Zeit und etwas Energie hat, biegt in **Stein** vom Radweg in die Reisnerbachtalstraße bergan ab und gelangt so zur Steiner Kellergasse mit weiteren charmanten Einkehrmöglichkeiten. Am Ende der Kellergasse geht es nun kurz und steil bergab, auf den **Museumsplatz**, den Mittelpunkt der Kunstmeile Krems. Zwischen Minoriten- und Dominikanerkirche liegen auf 1,6km zahlreiche Kremser Kulturinstitutionen, wie die Kunsthalle, die Landesgalerie und das Karikaturmuseum. Anschließend weiter geradeaus, am Stadtpark vorbei, sehen wir das **Steiner Tor**, das den Beginn der Fußgängerzone markiert. Wir lassen es rechts liegen und unternehmen noch einen Abstecher zur **Dominikanerkirche** am Ende der Kunstmeile. Dazu folgen wir dem Stadtgraben zur Schmelzgasse und erreichen schließlich die Kirche, die streng genommen seit über 200 Jahren keine mehr ist. Joseph II. löste bereits 1784 das Kloster auf und die zugehörige Kirche wurde entweiht. Seit dieser Zeit diente das Kirchenschiff als Knopffabrik, Getreidespeicher, Theater, Kino und Feuerwehrdepot.

Über die Schlüsselamtsgasse radeln wir gemütlich zum **Pfarrplatz**, auf dem jeden Freitag und Samstag am Vormittag ein Markt stattfindet. Folgerichtig verlassen wir den Platz daher über die Marktgasse, queren die Fußgängerzone und erreichen schließlich den ebenfalls als Marktplatz genutzten **Dreifaltigkeitsplatz** (Bauernmarkt am Freitag, Flohmarkt jeden ersten Samstag im Monat). Mit vollen Gepäcktaschen radeln wir retour zum **Bahnhof Krems**.

SEHENSWERTES

Weingut Mayer Resch
Der Winzer am Rebentor
Krems/Stein, Steiner Kellergasse 40

Rund ums Rad
Wenn gleich zum Start das Rad hin ist
Krems/Stein, Steiner Landstraße 103

Loibnerhof
Der schönste Gastgarten der Wachau
Dürnstein, Unterloiben 7

Safrancafé und Safran-Hofladen
Die Abwechslung zur Marille
Dürnstein 76 (Bahnhof)

Biokäserei Roland Berger
Biokäse von Schaf, Ziege und Kuh
Mühldorf, Weingraben 7

Nikolaihof: Geschichtsträchtiges Weingut mit hundertjähriger Kaiserlinde
Mautern, Nikolaigasse 3

Mit der Heurigen-App »My Wachau« die Öffnungszeiten im Blick haben.

©Spiller

Steiner Kellergasse

Wachaubahn
Betrieb saisonal, Sondertarif
Els
Kleine Krems
Maigen
Stixendorf
Weinzierl/Walde
Marbach
Lobendorf
Großheinrichschlag
Himberg
L78
L78
Habruck
Neusiedl
Weißen-
kirchen
Wolfenreith
Wösendorf
Niederranna
Mühldorf
RW Südliches Waldviertel
Spitz
Donau
Bacharnsdorf
Mitterarnsdorf
Hofarnsdorf
Elsarn am Jauerling
EV6
Vießling
Gut am Steg
Ruine Hinterhaus
Oberarnsdorf
EV6
EV6
Schwallenbach
800m
600m
400m
200m
710m
203m
203m
Weißenkirchen
Himberg
Spitz
Mautern
0km
20km
40km
60km
©Printmaps.net

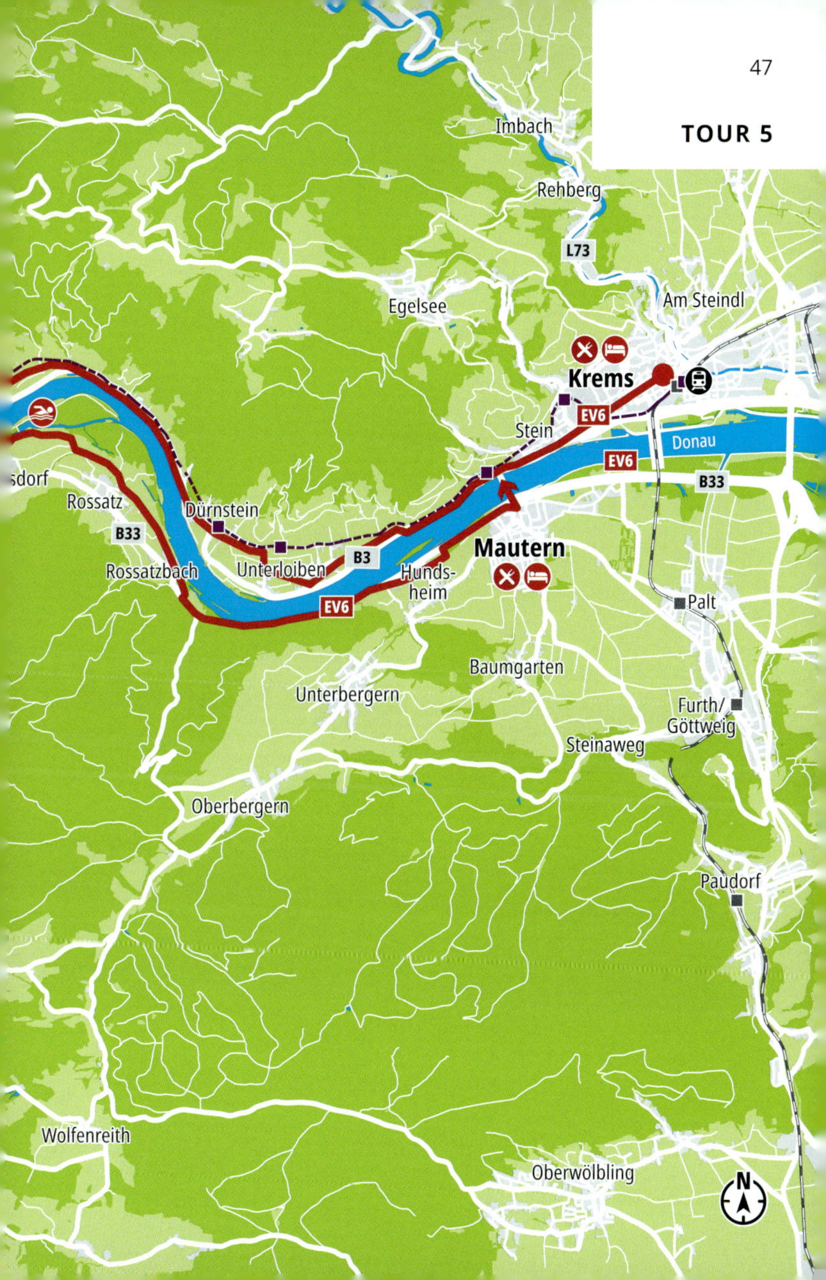
Imbach
Rehberg
L73
Am Steindl
Egelsee
Krems
EV6
Stein
Donau
EV6
B33
sdorf
Rossatz
B33
Dürnstein
Unterloiben
B3
Hunds-
heim
Mautern
Rossatzbach
EV6
Palt
Baumgarten
Unterbergern
Furth/
Göttweig
Steinaweg
Oberbergern
Paudorf
Wolfenreith
Oberwölbling
N

EU-SCHULPROGRAMM

Milch

Die Europäische Union möchte durch die finanzielle Unterstützung eine ausgewogene Ernährungsweise bei Kindern fördern. Daher gibt es das EU-Schulprogramm für Milch und Milchprodukte.

Weshalb in der Schule?

Schulen tragen eine große Verantwortung für eine ausgewogene Ernährung, da dieses Thema im Alltag oft zu kurz kommt. Der Zuckerzusatz ist streng geregelt, dieser beträgt im aktuellen Schuljahr maximal 3,5 Prozent! Die Reduktion des Zuckerzusatzes in den Schulmilchprodukten ist somit ein wichtiger Schritt um einer Süßprägung des Geschmackes entgegen zu wirken und den Kindern den natürlichen Geschmack von Lebensmitteln näher zu bringen.

Milcherlebnisse für Kinder

Tipp 1: Online-Milchquiz

Kinder lernen gerne spielerisch und unterhaltsam. Beim Online-Milchquiz handelt es sich um Fragen und Erklärungen zum Thema EU-Schulprogramm/Sektor Milch. Es ist kindgerecht aufgebaut und besteht aus Übungseinheiten und einer Überprüfung. Zum Abschluss kann man sich eine Urkunde ausdrucken.

Tipp 2: Experimente mit Milch

Mit Milch und Milchprodukten kann man spannende Experimente durchführen und dabei auch etwas lernen. Schmeckt blaues Joghurt anders als grünes Joghurt? Wie macht man Frischkäse selbst? Wie kann man mit Milch bunte Farbkreisel machen? Es stehen kurze Videos mit der Anleitung zur Verfügung.

Die Links zum Online-Milchquiz sowie zu den Videos über Experimente mit Milch finden Sie unter www.ama.at (> Fachliche Informationen > Schulprogramm > Informationen für Bildungseinrichtungen)

Tipp 3: Exkursionen

Die regionalen Schulmilchbauern bieten mit Einverständnis der Schule gerne auch Verkostungen und Exkursionen an.

Weitere Informationen:
www.ama.at/Fachliche-Informationen/Schulprogramm

Bleiben Sie immer am Laufenden und folgen uns auf Facebook und Instagram!

MIT FINANZIELLER UNTERSTÜTZUNG DER EUROPÄISCHEN UNION

TOUR 6

Grüner Veltliner

Gestaltete Landschaften gestern und heute

Diese Rundtour führt durch Teile des Kamptals zu schönen Aussichten und noch schöneren Einkehrmöglichkeiten. Auf Radwegen und ruhigeren Landstraßen rollen wir meist ungestört dahin.

ANREISE
3500 Krems an der Donau, Bahnhof

ÖFFENTLICH
Wien Spittelau › Krems a. d. Donau
Dauer: 1:09; REX4; fährt täglich

TOUR
73km (5½h) | R | ↑460hm | mittel
Krems › Oberrohrendorf › Gobelsburg › Langenlois › Kronsegg › Schiltern › Zöbing › Grafenegg › Krems
Moderate Anstiege, meist Asphaltwege

Los gehts beim **Bahnhof Krems**, wo wir uns an den Radwegschildern zur Ringstraße orientieren und uns dann stadtauswärts wenden. Bald sind schon die ersten Hinweisschilder der **Kamp-Thaya-March-Radroute** in Sicht und leiten uns nun bis nach Langenlois. Kaum haben wir Krems verlassen, dominiert bereits der Weinbau die Landschaft. Die Kombination aus der geschützten Lage und den mächtigen Lössterrassen bietet optimale Bedingungen für den Grünen Veltliner, der inzwischen in der weintrinkenden Welt als Synonym für österreichischen Wein steht. Der leichte Löss wurde am Ende der letzten Eiszeit vom Wind zu mächtigen Schichten aufgetürmt, die rund um Krems bis zu 25m hoch sein können.

Nachdem wir **Oberrohrendorf** passiert haben, geht es sehr idyllisch aber leider knackig bergan durch die mit 1,65 Kilometern längste Kellergasse Österreichs in **Rohrendorf**. Zahlreiche Keller wurden ab dem 14. Jahrhundert in den weichen Löss gegraben, der hier auch einige der typischen Hohlwege ausgebildet hat. Rohrendorf ist auch die Heimat des Pioniers der modernen Bewirtschaftung von Weingärten, wie wir sie heute kennen.

©Spiller

Kellergasse »In der Leithen«

Lenz Moser erkannte nach dem 1. Weltkrieg, dass eine maschinelle Bewirtschaftung nur durch eine großzügigere Bepflanzung von Weingärten erreicht werden könnte, wobei er den Verlust an Weinstöcken durch einen Anbau von Hochkulturen an Drähten ausglich. Wie so häufig wurde auch dieser Visionär erst ausgelacht und angezweifelt und dann bald kopiert.

Schließlich waren seine Vorträge über den neuen Weinbau bestens besucht und sein Buch zum Thema wurde in acht Sprachen übersetzt.

Der Anstieg führt nicht nur hoch über die Donau, sondern auch zu einem traumhaften Ausblick. Auf der anderen Seite des Stromes erstrahlt das Stift Göttweig in voller Pracht. Der mächtige Bau ist zusammen mit der Stadt Krems und der Kulturlandschaft der Wachau seit dem Jahr 2000 Weltkulturerbe der UNESCO. Seit rund 900 Jahren befindet sich hier ein Be-

Arche Noah

nediktinerkloster. Der beeindruckende Bau, den wir heute sehen, ist allerdings ein Werk des Barocks und wurde von Johann Lucas von Hildebrandt entworfen. Dieser hat in seiner vielleicht wichtigsten Schaffensperiode außerdem unter anderem die Schlösser Belvedere, Hof, Laxenburg und Mirabell geplant und fertiggestellt. In Göttweig gelang ihm dies nicht, hier wurde nach rund 20 Jahren ein Baustopp verhängt, was aber gerade aus der Ferne nicht auffällt.

Irgendwann geht es dann auch wieder bergab und nach einer angenehmen Abfahrt bietet sich das **Schloss Gobelsburg** für eine Getränkepause oder auch ein kleines Frühstück an, bevor wir uns recht gemütlich weiter nach **Langenlois** aufmachen.

Ab **Langenlois** trennen wir uns vorerst von der **Kamp-Thaya-March-Radroute**. Im Stadtzentrum orientieren wir uns beim Kreisverkehr über die Walterstraße und die Kallbrunnergasse in Richtung des Loisbachs. Diesem folgen wir nun auf der **Weinberg-Mountainbikestrecke** bis zu einer größeren Abzweigung, wo wir rechts in die Loistalstraße einbiegen. Dieser folgen wir ein kurzes Stück und nehmen dann – je nach Rad und Lust – entweder die je nach Jahreszeit ordentlich verwachsene Weinberg-Mountainbikestrecke durch Wald und Wiese, oder, komfortabler aber verkehrsreicher, die Durchzugsstraße. Unser nächstes Ziel ist der **Badeteich Kronsegg** mit Blick auf die gleichnamige Ruine. Hierher gelangen wir, wenn wir ein paar Minuten weiter der

©Spiller

Stausee Kronsegg

©Spiller

Durch Wald und Flur

Straße folgen. Auf der linken Seite befindet sich ein Parkplatz, auf dem man die Räder abstellen kann, um die zehn Minuten Fußweg zur Ruine in Angriff zu nehmen.

Nachdem die Burg ab 1679 mehr oder weniger 300 Jahre lang dem Verfall preisgegeben war, wurde sie in den 90er Jahren von der Gemeinde Langenlois vorbildlich gesichert und kann nun von Ostern bis Ende Oktober besichtigt werden. Über die eingebauten Stiegen gelangt man auf die beiden Wehrtürme, die einen schönen Ausblick über die bewaldeten Hügel und den Stausee Kronsegg bieten.

Deutlich mehr Betrieb herrscht im nächsten Ziel unserer Tour, dem Weinort **Schiltern**. Auch wenn hier der Weinbau immer noch großgeschrieben wird, verbindet man mit Schiltern inzwischen eher den Gartenbau, denn hier befinden sich gleich drei der bekanntesten Schaugärten Niederösterreichs: der *Arche-Noah-Schaugarten*, der *Therapiegarten Schloss Schiltern* direkt gegenüber sowie die *Kittenberger Erlebnisgärten*. Letztere erstrecken sich zwischen den Weinbergen auf rund 60.000 Quadratmetern und bieten 50 Themengärten sowie jede Menge Veranstaltungen über das ganze Jahr verteilt. Die gewaltige Dimension zeigt sich bereits am Busparkplatz vor dem Eingangsbereich.

Uns erwartet nun das letzte längere Bergauf-Stück, dazu fahren wir zurück in die Ortsmitte, dann weiter nach **Reith**, **Unterreith** und schließlich **Zöbing**. Hier treffen wir kurz auf eine alte Bekannte: Die **Kamp-Thaya-March-Radroute**, der wir nun durch den Ort bis zur Heiligensteinstraße folgen, an der wir uns rechts Richtung Straß halten und dann bald den Schildern des **Kamptal-Radwegs** bzw. des **Manhartsberg-Radwegs** bis zum **Schloss Grafenegg** folgen.

Auch wenn das Schloss Grafenegg in seinen Anfängen ins 15. Jahrhundert zurückreicht, so beeindruckt es heute hauptsächlich durch den romantischen Historismus der Umbauten aus dem 19. Jahrhundert durch die letzten Mitglieder des Adelsgeschlechts Breuner. Die verwunschene Atmosphäre lässt dem Besucher schnell die Harry-Potter-Romane in den Sinn kommen, denn hier lässt Hogwarts ein wenig grüßen. Auch der Park mit der Open-Air-Bühne **Wolkenturm** lohnt eine Besichtigung und lädt auf der großen Wiese mit bereitgestellten Liegestühlen zur Rast im Sonnenschein ein.

Für unsere letzte Etappe in Richtung Donauauen verlassen wir den Park durch den südlichen Ausgang und fahren die Parkstraße in Richtung Grafenwörth entlang. Am Weg sehen wir dann auch die ersten Wegweiser zum D6 | EV6. Auf dem Weg zur Donau weicht der Weinbau bald den ersten Ausläufern der Auenlandschaft. Wir überqueren noch den **Kamp**, gelangen zur Donau und radeln nun gemütlich auf dem D6 | EV6 stromaufwärts retour zum **Bahnhof Krems**.

SEHENSWERTES

Schloss Gobelsburg
Museum, Weingut, Kultur im Schlosshof
Gobelsburg, Schlosstraße 16

Sonnhof Jurtschitsch
Langenlois, Rudolfstraße 39

Schneiders – Café am Holzplatz
Hausgemachtes Eis
Langenlois, Holzplatz 6

Schaugarten Arche Noah
Alte Kulturpflanzen werden lebendig
Schiltern, Obere Straße 40

Kittenberger Erlebnisgärten
50 Themengärten & Gartenrestaurant
Schiltern, Laabergstraße 15

Guttmann's Wirtshaus
Idyllischer Gastgarten mit Aussicht
Zöbing, Heiligensteinstraße 32

Schloss Grafenegg
Areal frei zugänglich, Festivalstandort
www.grafenegg.com

©Spiller

Grafenegger Drachen

©Spiller

Kampüberquerung

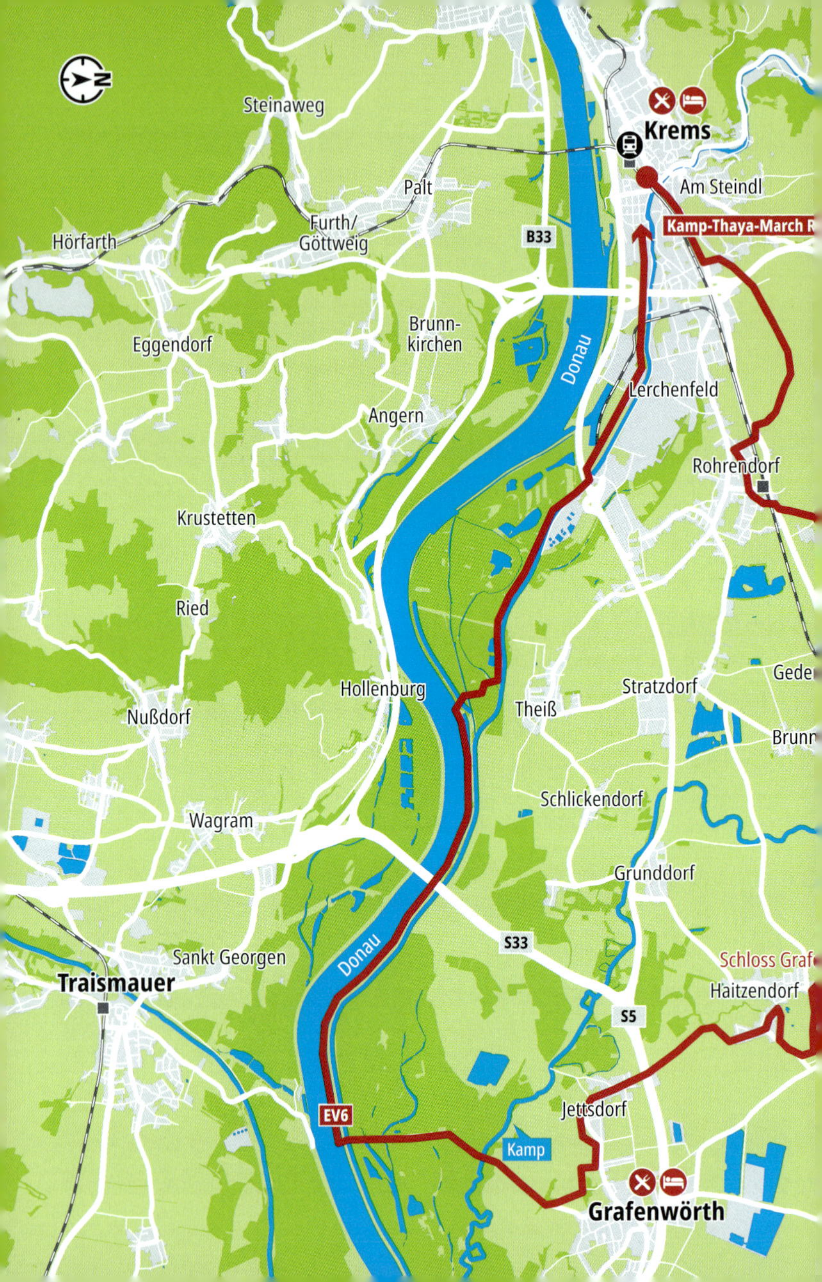
Steinaweg
Krems
Am Steindl
Kamp-Thaya-March R
Palt
Furth/
Göttweig
Hörfarth
B33
Brunn-
kirchen
Eggendorf
Donau
Lerchenfeld
Angern
Rohrendorf
Krustetten
Ried
Geder
Stratzdorf
Hollenburg
Theiß
Nußdorf
Brunn
Schlickendorf
Wagram
Grunddorf
S33
Sankt Georgen
Donau
Schloss Graf
Traismauer
Haitzendorf
S5
Jettsdorf
EV6
Kamp
Grafenwörth

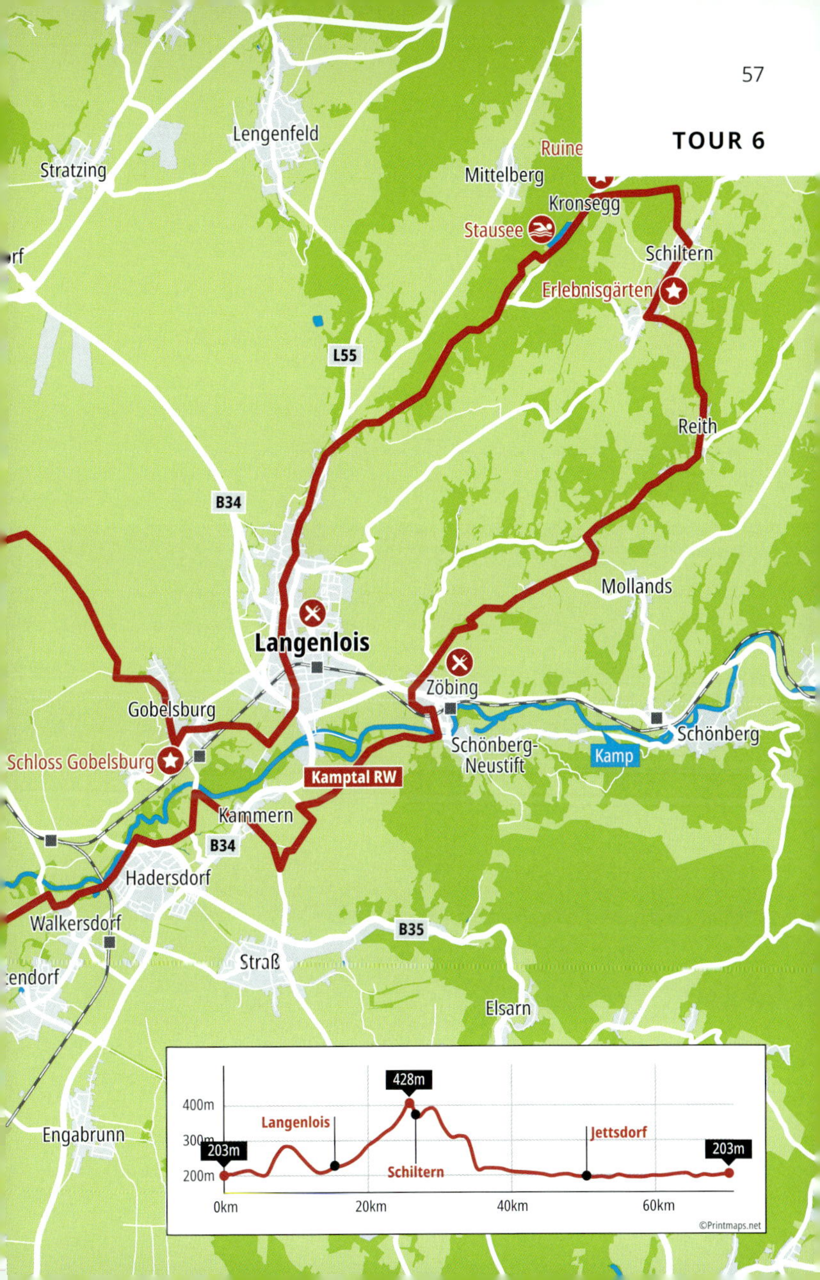
Lengenfeld
Stratzing
Ruine
Mittelberg
Kronsegg
Stausee
Schiltern
Erlebnisgärten
L55
Reith
B34
Mollands
Langenlois
Zöbing
Gobelsburg
Schloss Gobelsburg
Schönberg-Neustift
Kamp
Schönberg
Kamptal RW
Kammern
B34
Hadersdorf
Walkersdorf
B35
Straß
Elsarn
Engabrunn
428m
400m
Langenlois
300m
203m
Jettsdorf
203m
200m
Schiltern
0km
20km
40km
60km
©Printmaps.net

Wagramer Wege

Vom Heldenberg zum Badestrand

Die heutige Tour führt uns durch die vor allem als Weinbaugebiet bekannte Region Wagram. Aufgrund der Namensgebung vieler Orte in der Gegend, wie zum Beispiel Fels am Wagram, Kirchberg am Wagram usw. würde man vermuten, dass es sich hier um einen Berg oder vielleicht auch um einen Fluss handeln könnte. Der Wagram ist jedoch eher eine auffällige Geländekante bzw. ein Höhenzug aus eiszeitlichem Löss. Nachdem vor rund einer Million Jahren das im heutigen Tullnerfeld befindliche Meer austrocknete, mäanderte die Donau über den ehemaligen Meeresboden und kerbte sich immer tiefer in die Landschaft ein. Die so entstandene Kante bildete dann eine Barriere für den herangewehten eiszeitlichen Löss, der sich daraufhin bis zu 40 Metern hoch ablagerte. Auf dem fruchtbaren Löss wird zwar schon sehr lange Wein angebaut, die Namensgebung des Weinbaugebiets ist aber noch relativ frisch. Erst seit 2007 firmiert die Region als Weinbaugebiet Wagram. Die vorher gängige Bezeichnung Region Donauland wurde wegen des gleichnamigen Buchclubs nach gut 20 Jahren aufgegeben.

ANREISE
3701 Großweikersdorf, Bahnhof

ÖFFENTLICH
Wien Spittelau › Großweikersdorf
Dauer: 0:41; REX41; fährt täglich

TOUR
44km (4h) | S | ↑240hm | einfach
Großweikersdorf › Kleinwetzdorf › Ruppersthal › Oberstockstall › Kirchberg am Wagram › Altenwörth › Absdorf
Hügelig, Landstraßen, einige Schotterwege

Am **Bahnhof Großweikersdorf** radeln wir kurz bergab bis zum Linksabzweig beim **Verbindungsradweg** 84, dem wir an der Schmida entlang bis nach **Kleinwetzdorf** folgen. Hier müssen wir kurz auf der Hauptstraße weiter, bis wir das Ausflugsziel **Heldenberg** erreichen. Ursprünglich handelte es sich hier um eine Gedenk-

Feldherren aus Zink

©Spiller

stätte nach dem Vorbild der bayerischen Walhalla, die von Joseph Gottfried Pargfrieder in seinem Schlosspark errichtet wurde.

Außerdem befindet sich am Gelände unter anderem die Gruft des Feldmarschalls Radetzky, der sich gemeinsam mit Pargfrieder beisetzen ließ, nachdem dieser seine Schulden übernommen hatte. Ein wenig skurril mutet die Anlage schon an, was noch dadurch verstärkt wird, dass sie inzwischen zu einem Ausflugsziel ausgebaut wurde und nun von einem Steinzeitdorf über ein Oldtimer-Museum bis zum Lipizzaner-Zentrum ein buntes touristisches Potpourri bietet.

Wir radeln wieder zurück zum Radweg und fahren retour bis zur ersten Brücke zu unserer rechten. Hier folgen wir der Straße, queren die Horner Straße (B4) und erreichen über einen kleinen Weg die Straße nach **Baumgarten am Wagram**. Ab Baumgarten

Entlang der Schmida

geht es nun stetig bergauf. Nachdem nun die sportlichste Leistung der Tour vollbracht ist, geht es beschwingt und locker mit Unterstützung des Gefälles weiter nach **Ruppersthal**. Hier kommen wir am Ignaz-Pleyel-Kulturzentrum vorbei. Leider waren wir an einem Sonntag unterwegs, denn das auf der Homepage beworbene Frühstück mit Ötscherblick gibt es nur von Montag bis Samstag. In Ruppersthal angekommen halten wir uns an der großen Kreuzung links und dann geradeaus weiter bis zum nächsten großen Abzweig **Richtung Weinstraße Wagram**. Hier folgen wir dann aber nicht weiter der Landstraße, sondern nehmen den kleineren Weg, der an Feldern vorbeiführt. Später wird dieser ein wenig schottrig, bleibt aber gut befahrbar.

Ein auffälliger **Wasserspeicher** zu unserer Rechten weist uns den Weg zu einem Hohlweg, auf dem wir nun ebenso schattig wie idyllisch bis nach **Oberstockstall** radeln.

Hohlwege entstanden aufgrund der ständigen Beanspruchung durch Wagenräder und die Hufe der Lasttiere. Der weiche Löss wurde vom Regenwasser abtransportiert, sodass die Wege von Jahr zu Jahr immer tiefer wurden. Im Weinviertel wurden in die Wände der Hohlwege oftmals die bekannten Weinkeller gegraben, wodurch die bekannten Kellergassen entstanden. In Oberstockstall erreichen wir das gleichnamige Gut, das vor rund 850 Jahren erstmals urkundlich erwähnt wurde und nun ein biodynamisch bewirtschaftetes Weingut so-

©Spiller

Gut gerüstet

©Spiller

Season in the sun

wie ein Haubenlokal mit Gästezimmern beherbergt. Hier fahren wir weiter bergab und kommen über **Mitterstockstall** schließlich in **Kirchberg am Wagram** an. Vor Ort lohnt sich ein kleiner Rundgang über den schönen Marktplatz und den Bereich rund um die Wallfahrtskirche Maria Trost.

Ab Kirchberg ist unser Radweg mit Richtung Altenwörth bzw. Richtung Donauradweg beschriftet. Wir durchqueren **Dörfl** und **Gigging** und erreichen bald **Altenwörth**. Hier empfiehlt es sich an heißeren Tagen, einen Badestopp im ruhigen Donaualtarm einzulegen. Die Stimmung ist entspannt, das Wasser klar und es gibt einen netten Imbiss, der alles anbietet, was eine kleine Rast in der Sonne angenehm macht.

Frisch gestärkt machen wir uns auf unser letztes Teilstück. Der Kasinoweg führt uns zurück nach **Gigging**, wo wir dann der Landstraße in Rich-

Badespaß in Altenwörth

tung Winkl folgen. Schließlich radeln wir geradeaus eine ruhige Straße bis nach **Frauendorf an der Au** entlang. Von hier ist es nicht mehr weit nach **Absdorf**. Diese Gegend war bereits in der Bronzezeit besiedelt, was durch Funde belegt werden konnte. Die Tradition des Weinbaus begann mit den Kelten. Während der römischen Besetzung entstand wegen der Nähe zum Limes zusätzlich ein reger Weinhandel, der aber erst mit der Völkerwanderung und der entsprechenden Zerstörung der Weingärten ein jähes Ende fand, jedoch unter den Franken eine erneute Blüte erlebte und dadurch den größten Erwerbszweig der Gemeinde darstellte.

Nach 44km endet unsere heutige Tour am **Bahnhof Absdorf-Hippersdorf**.

SEHENSWERTES

Heldenberg
Buntes Gemisch aus Sehenswürdigkeiten: Radetzkys Ruhestätte, Lipizzaner-Zentrum, Oldtimer-Museum, Greifvogelpark, Englischer Garten, Steinzeitdorf
Kleinwetzdorf, www.derheldenberg.at

Pleyel Kulturzentrum
Sonntags gibts Konzerte oder Matineen, Montag bis Samstag köstliches Frühstück
Ruppersthal 137

Gut Oberstockstall
Gehobene Küche mit Weinbegleitung
Kirchberg am Wagram, Ringstraße 1

Heuriger Ecker
Regionale Schmankerl im mediterranen Gastgarten, ab Hof Verkauf
Kirchberg am Wagram, Mitterstockstall 25

Aris Cantina
Kulinarische Fusion: Österreich trifft Mexiko beim Absdorfer Freibad
Absdorf, Badstraße 1

©Spiller
Kirchberger Kirche

©Spiller
Wagramer Wege

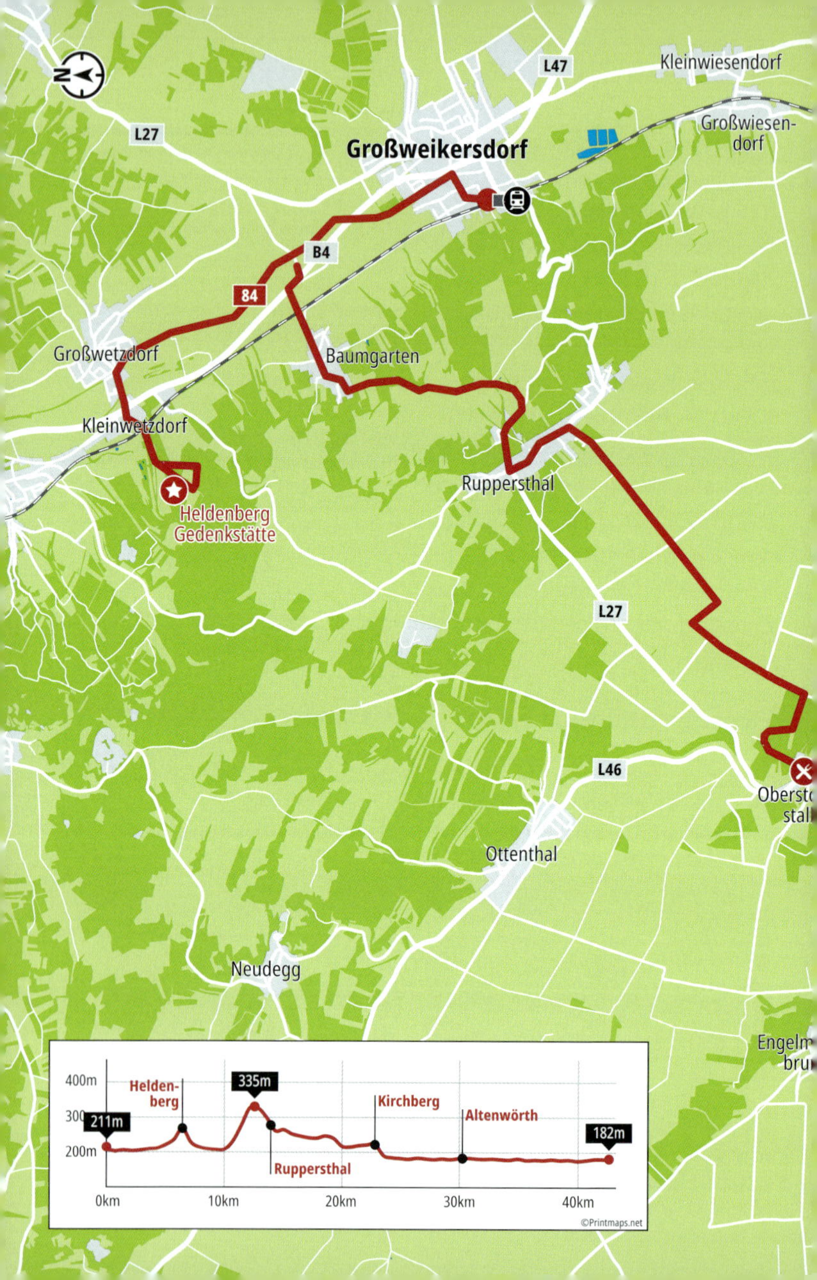

Kleinwiesendorf
L47
L27
Großweikersdorf
Großwiesen-
dorf
B4
84
Großwetzdorf
Baumgarten
Kleinwetzdorf
Heldenberg
Gedenkstätte
Ruppersthal
L27
L46
Ottenthal
Neudegg
400m
300m
200m
211m
Helden-
berg
335m
Kirchberg
Altenwörth
182m
Ruppersthal
0km
10km
20km
30km
40km
©Printmaps.net

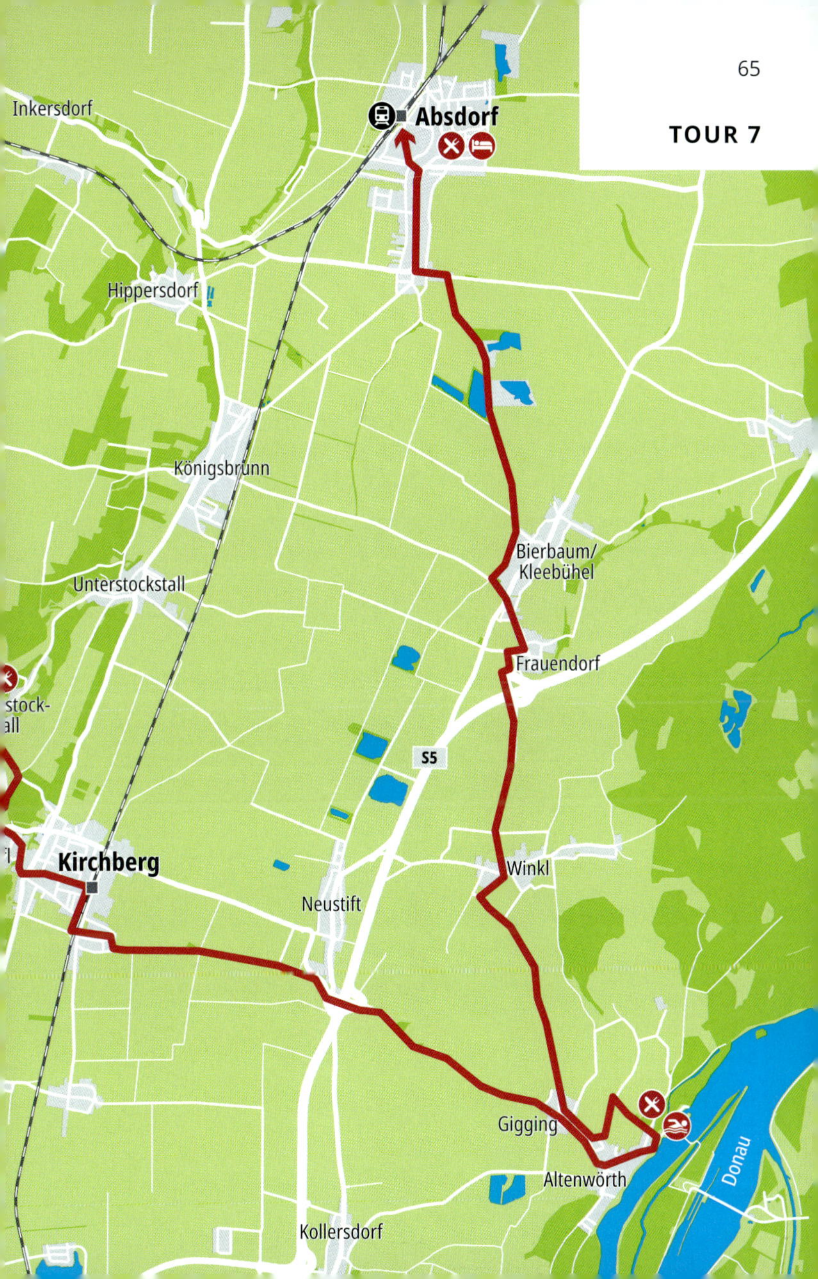
Inkersdorf
Absdorf
Hippersdorf
Königsbrunn
Bierbaum/
Kleebühel
Unterstockstall
Frauendorf
stock-
all
S5
Kirchberg
Winkl
Neustift
Gigging
Altenwörth
Donau
Kollersdorf

TOUR 8

Eiserner Vorhang

Durch einen Nationalpark im Niemandsland

Das Motto dieser Tour lautet heute »Schwitzen in Tschechien«, denn vor allem im Nationalpark Podyjí jenseits der Thaya geht es häufig bergauf und bergab und der Untergrund ist nationalparkkonform gerne auch ein wenig rustikaler. Der kurze Abstecher ins Nachbarland, mit seinen Ausblicken und Entdeckungen am Weg, gibt der Route den speziellen Kick und einen Hauch zentraleuropäischer Exotik.

ANREISE
2070 Retz, Bahnhof

ÖFFENTLICH
Wien Praterstern › Retz
Dauer: 1:15; REX3; fährt täglich

TOUR
62km (6h) | R | ↑720hm | schwer
Retz › Oberretzbach › Niederfladnitz › Merkersdorf › Hardegg › Lukov › Oberretzbach › Retz
Hügelig, Asphalt-/Wald-/Schotterwege

Los geht es beim **Retzer Bahnhof**. Über die Bahnhofstraße und den obligatorischen niederösterreichischen Kreisverkehr kommen wir direkt zum **Schloss Gatterburg**. Wer am Vortag bereits in Retz ist, kann einen Blick in das kleine Fahrradmuseum werfen, das während der Radsaison nachmittags geöffnet hat. Wir sind am Morgen unterwegs und orientieren uns Richtung **Retzer Hauptplatz**. Hier lohnt es sich, entweder zu Beginn oder am Ende der Fahrt etwas Sightseeing-Zeit einzulegen, denn der in dieser Form rund 450 Jahre alte Platz ist nicht nur aufgrund seiner Dimensionen wirklich beeindruckend. Auf den ersten Blick würde man den auffälligen freistehenden Bau in der Mitte für eine Kirche halten, hier handelt es sich jedoch um das um 1570 errichtete Rathaus der Stadt. Der Eindruck täuscht jedoch nicht komplett, denn man baute dafür eine rund 200 Jahre alte Kapelle um bzw. aus. Weiters stechen auf dem Platz die nach einer großen Pestepidemie 1680 errichtete Marien- oder Pestsäule, der Pranger

Schloss Gatterburg

©Spiller

und die Dreifaltigkeitssäule ins Auge. Die auffälligsten Gebäude, die den Platz begrenzen sind das Sgraffitohaus, dessen in italienischer Technik dekorierte Fassade erst im Jahr 1928 wiederentdeckt wurde, sowie das venezianisch anmutende Verderberhaus, das seinen martialischen Namen der Familie Verderber verdankt, die hier ab 1821 Wein- und Tuchhandel betrieb. Streng genommen ist das Verderberhaus weder EIN Haus, noch das Tor wirklich ein Tor, denn es handelt sich hier um drei alte gotische Häuser, die im 16. Jahrhundert aus optischen Gründen zu einen Haus zusammengebaut wurden und von denen eines einen Durchfahrtsbogen besaß. Bemerkenswert ist auch die Retzer Unterwelt, denn unter dem Stadtzentrum befindet sich einer der weltweit größten Weinkeller, dessen Ausdehnung das gesamte Straßennetz der Stadt in den Schatten stellt. Wir wenden uns oberirdisch jedoch wieder unserer Radtour zu und verlassen

Grenzübergang Thayabrücke

den Platz durch das **Verderbertor** zu einer größeren Kreuzung, ab der wir dann dem **Thayatal-Radweg** sowie dem EV6 durch Kellergassen und über Weinberge nach **Oberretzbach** folgen. Wir ignorieren die Abzweigung zum »Heiligen Stein«, da wir uns diesen für das Tourende aufheben und bleiben auf der Straße am **Thayatal-Radweg** in Richtung **Niederfladnitz**. Der Verkehr ist am Wochenende überschaubar, aber die Steigung für alle traditionellen Radler gerade bei wärmeren Temperaturen durchaus sportlich.

Abenteuerlust und ein geländegängiges Rad sind die Voraussetzungen für einen kleinen Abstecher zu den alten Galgen der Stadt Retz, von denen zwei von drei noch erhalten sind und die heute verlassen mitten im Wald stehen. Der Weg dorthin ist je nach Jahreszeit unterschiedlich verwachsen, jedoch immer holprig. Wer diesen Teil auslassen möchte, bleibt einfach auf der Straße Richtung Niederfladnitz. Dort folgen wir unserem Radweg weiter bis nach **Merkersdorf** und schließlich weiter in die offiziell kleinste Stadt Österreichs – **Hardegg**.

Aufgrund der isolierten Lage am Eisernen Vorhang schrumpfte die Bevölkerungszahl stetig und so waren hier Anfang 2022 nur noch 86 Einwohnerinnen und Einwohner gemeldet (ohne die eingemeindeten Orte). Das Stadtrecht besitzt Hardegg schon seit rund 800 Jahren und vor gut 100 Jahren lebten hier auch noch über 3.200 Menschen. Gleichwohl ist die

©Spiller

Lynchjustiz

©Spiller

Burg Hardegg

Stadt aufgrund der mittelalterlichen Höhenburg, die eine der größten und ältesten Burgen Niederösterreichs ist, optisch beeindruckend und lohnt sich für eine Rast und ein paar Fotos.

Nach einem Rundgang braucht man sich nicht mangels der Möglichkeiten für einen Getränke- oder Jausenkauf ärgern, denn etwas weiter in Richtung EV13 (Iron Curtain Trail) bei der Thayabrücke kann man eine Rast einlegen, sofern man daran gedacht hat, Bargeld mitzunehmen. Die Brücke war während des Kalten Krieges nicht mehr in Betrieb und teilweise demontiert, seit 1990 ist der Grenzübergang für Fußgänger und Radfahrer wieder geöffnet. Einige Betonbunker erinnern bereits an die Zeiten des Eisernen Vorhangs, bevor wir dann in **Čížov** auf das letzte erhaltene Stück der tschechoslowakischen Grenzanlage treffen. Ein Wachturm und die beiden Zaunreihen im Hinterland der tschechisch-österreichischen Grenze vermitteln einen Eindruck, mit welchem Aufwand ein breiter Streifen des Niemandslandes vom Rest der ČSSR abgetrennt wurde. Ebenfalls im Ort befindet sich das Besucherzentrum des Nationalparks Podyjí.

Durch den Ort gehts weiter auf dem EV13, vorbei am Teich Čížov bis ins charmante **Lukov**. Hier hat man für den EV13 zwei Auswahlmöglichkeiten: Wir folgen der Variante mit der gelb-rot-gelben Markierung bzw. dem mit einer weißen Blume gekennzeichneten **Thayatal-Radweg**.

Nun erwartet uns die angekündigte schweißtreibende Strecke im Nationalpark. Obwohl der Weg recht steil und holprig ist, macht die wilde Fahrt durch den urwüchsigen Wald viel Spaß und der Blick über die Thaya ist dann das Highlight des Tages. Die steile Abfahrt durch das *Weingut Sobes* hinab ins Tal trägt zur Erholung bei. Auf einer wackligen Hängebrücke überqueren wir dann die Thaya und folgen dem Radweg, bis wir wieder österreichischen Boden unter den Reifen haben und gut gelaunt beim **Heiligen Stein** ankommen. Diese alte Kultstelle entwickelte sich im 17. Jahrhundert aufgrund angeblicher Wunderheilungen zu einer christlichen Wallfahrtsstätte, neben der schließlich auch eine Kapelle errichtet wurde. Aufgrund der großen Anzahl von Pilgern folgte eine Erweiterung der Kirche, jedoch bereits wenige Jahre später auf Befehl Josephs II. deren Abtragung. Am Wochenende kann man sich bei der *Weinschenke zum Heiligen Stein* erfrischen und gleichzeitig die Aussicht genießen.

Frisch gestärkt radeln wir kurz bergan, treffen auf den von der Hinfahrt kommenden Radweg und folgen diesem retour nach **Retz**. Nun bietet sich der Hauptplatz für eine persönliche Belohnung mit einem Eis aus der nahegelegenen *Konditorei Wiklicky* an, bevor wir uns zum Bahnhof begeben.

Die Retzer Windmühle und den Kalvarienberg beschreiben wir in der folgenden Tour 9.

SEHENSWERTES

Fahrradmuseum Retz
Mai bis Oktober, täglich 14:00-17:00
Retz, Schlossplatz 5

Erlebnisse rund um Retz
www.retzer-land.at

Nationalparkhaus Thayatal
Über Flora und Fauna des Thayatales, Ausstellungen, Café-Restaurant
Hardegg, Merkersdorf 90

Gasthaus Thayabrücke
Regionale Spezialitäten an der Thaya, Bargeld mitnehmen
Hardegg 20, www.thaya-bruecke.at

Besucherzentrum Čížov
Ausstellung über die Lebensräume des Nationalparks Podyjí/Thayatal
Čížov 167, www.nppodyji.cz

Weinschenke beim Heiligen Stein
Verpflegungsstand an der Kultstelle
Mai bis September ab 15:00 geöffnet

©Spiller
Národní park Podyjí

©Spiller
Retzer Windmühle

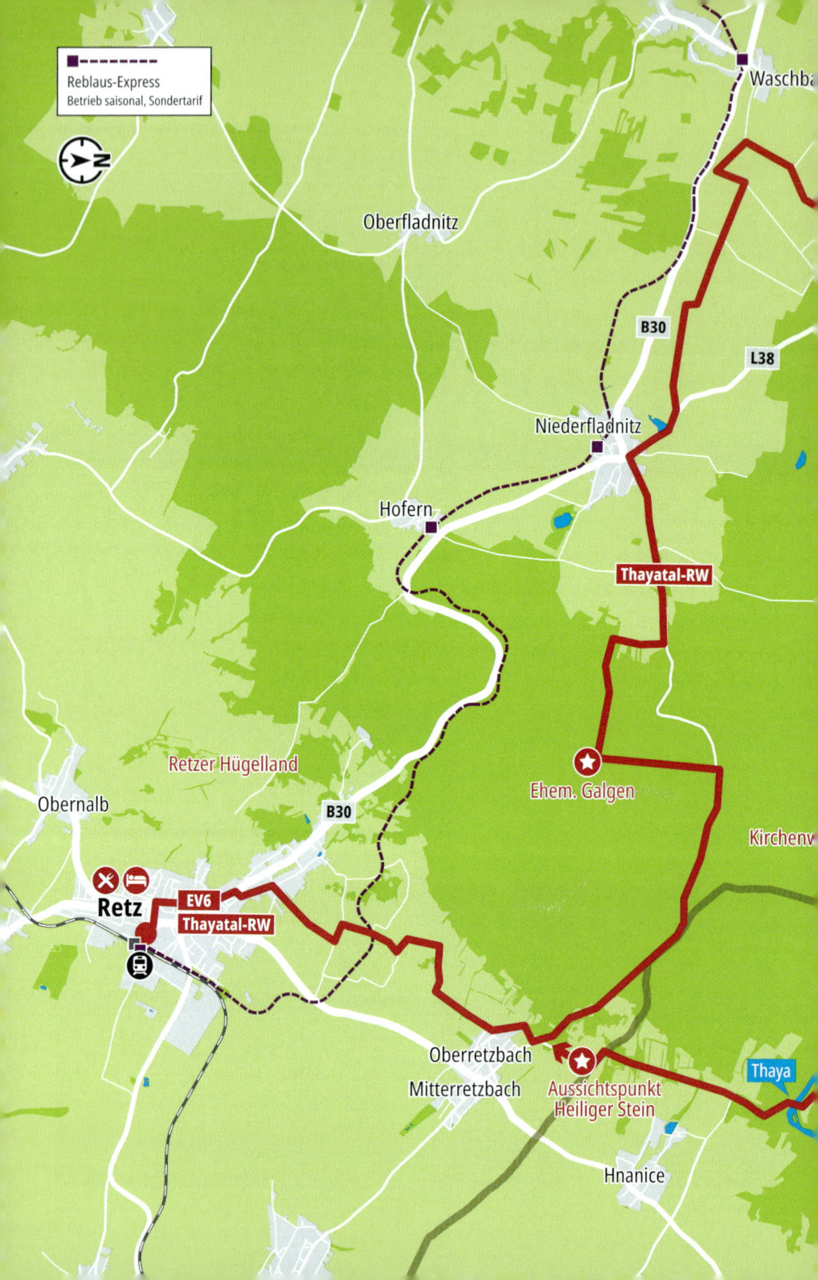
Reblaus-Express
Betrieb saisonal, Sondertarif
Waschba
Oberfladnitz
B30
L38
Niederfladnitz
Hofern
Thayatal-RW
Ehem. Galgen
Retzer Hügelland
Obernalb
B30
Kirchenw
Retz
EV6
Thayatal-RW
Oberretzbach
Mitterretzbach
Aussichtspunkt
Heiliger Stein
Thaya
Hnanice

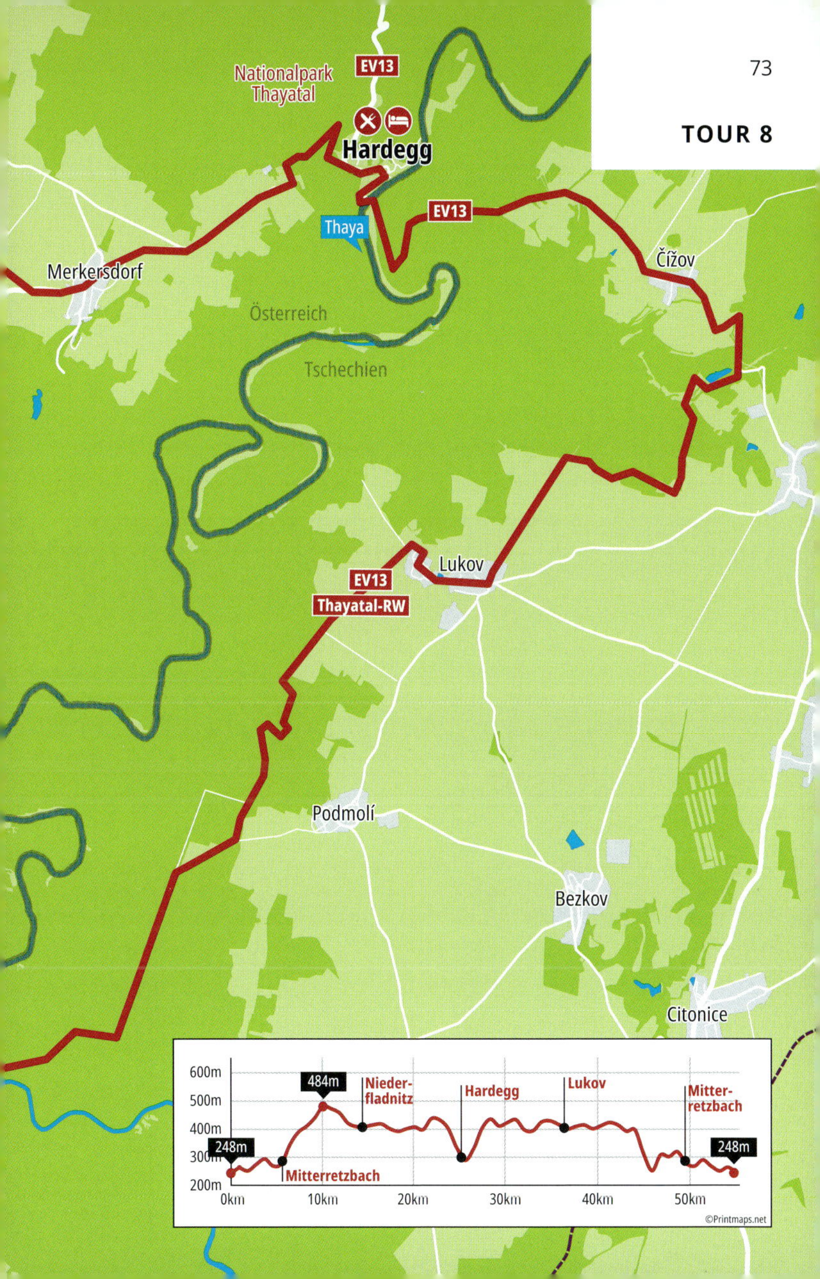
Nationalpark Thayatal
EV13
Hardegg
EV13
Thaya
Merkersdorf
Čížov
Österreich
Tschechien
Lukov
EV13
Thayatal-RW
Podmolí
Bezkov
Citonice
600m
500m
400m
300m
200m
484m
Nieder-fladnitz
Hardegg
Lukov
Mitter-retzbach
248m
Mitterretzbach
248m
0km
10km
20km
30km
40km
50km
©Printmaps.net

TOUR 9

Reblausexpress

Von der Waldviertler Stadtmauer zur Weinviertler Windmühle

Diese Tour führt uns von Drosendorf im Waldviertel ins Retzer Land. Am besten reist man bereits am Vortag im Heurigenwagen des Reblausexpress bei Spritzer und Aufstrichbrot von Retz nach Drosendorf und nutzt den Nachmittag oder frühen Abend für einen kombinierten Stadtmauer-Hauptplatz-Spaziergang. Weiters lässt sich diese Ausfahrt auch gut mit Tour 8 kombinieren.

ANREISE
2095 Drosendorf, Hauptplatz

ÖFFENTLICH
Wien Praterstern › Retz
Dauer: 1:15; REX3; fährt täglich
Retz › Drosendorf (Sondertarif)
Dauer: 1:30; saisonal Fr, Sa, So

TOUR
50km (4h) | S | ↑550hm | einfach
Drosendorf › Langau › Hardegg › Retz
Hügelig, Asphalt-/Wald-/Schotterwege

Wir starten am **Hauptplatz Drosendorf**. Der Kern der historischen Altstadt ist von barocken Fassaden und Bürgerhäusern gesäumt, die malerisch von der bereits erwähnten 1,7km langen mittelalterlichen Stadtmauer umgeben sind. Drosendorf lädt ein, hier etwas mehr Zeit zu verbringen. Wer nicht bereits am Vortag angereist ist, sollte zumindest einen kurzen Spaziergang rund um die Stadtmauer herum in Erwägung ziehen. Innerhalb der Mauer bestechen die Gebäude am Hauptplatz, außerhalb versprühen die sogenannten Sommer- und Winterpromenaden einen Hauch von Sommerfrische. Die ehemals doppelte Stadtbefestigung bot den Drosendorfern zuerst Schutz, seit dem 18. Jahrhundert bietet sie eher Erholung. Wo einst die äußere Mauer stand, befinden sich nun Gärten und ein idyllischer Spazierweg. Hier kann man wunderbar die Seele baumeln lassen.

Auf dem Rad folgen wir den Schildern des **Reblausexpres-Radwegs** durch das **Raabser Tor**. Kurz geht es

©Spiller

Im Heurigenwaggon nach Drosendorf

bergab zum Thayaufer, wo wir nahe dem Gasthof *Zur Hammerschmiede* in den Haidweg einbiegen. Zum Auftakt kommt man hier dann gleich mal schnell außer Atem, denn es geht ordentlich bergauf. Der Weg führt uns nach **Heinrichsreith**, das wir auf der Hauptstraße durchfahren, worauf wir uns nach der Ortsausfahrt in Richtung **Wolfsbach** orientieren. Ab hier führt uns der **Kamp-Thaya-March-Radweg** 8 bis nach **Langau**. Wir passieren einen Campingplatz samt altem Bergwerkssee und erreichen schließlich **Riegersburg** mit dem bis 2017 gleichnamigen Schloss. In diesem Jahr übernahm der Burgherr Graf Pilati das Schloss Riegersburg, das bereits seit Jahrhunderten im Familienbesitz war und gab ihm den ursprünglich verwendeten Namen Schloss Ruegers zurück. Neben der wiederbelebten Historie wollte er wohl auch Verwechslungen mit der Riegersburg in der Steiermark vermeiden. Im Jahr 2021 hat das Schloss nun allerdings

Behüteter Weingarten

wieder einen neuen Besitzer gefunden: Der Künstler Gottfried Helnwein möchte das Schloss zu einem Ort der Kreativität und des kulturellen Schaffens machen. Man darf gespannt sein, was hier entsteht.

Ab **Riegersburg** orientieren wir uns dann am EV13 (Iron Curtain Trail), dem wir in Richtung Hardegg folgen. Der Iron Curtain Trail ist einer der längsten Radwege Europas und verläuft auf dem ehemaligen Grenzstreifen zwischen »Ost« und »West«. Der Nachteil der Trennung durch den Eisernen Vorhang brachte der Natur den Vorteil, sich in der damals nicht oder nur dünn besiedelten Sperrzone der östlichen Staaten ungehindert entwickeln zu können. Pflanzen und Tiere konnten sich ohne menschliche Eingriffe ansiedeln und entfalten, zahlreiche Biotope entwickelten sich in dieser Zeit und schufen so schließlich ein grünes Band quer durch Europa. Auf Initiative des Berliner Europaabgeordneten Michael Cramer begann man vor 17 Jahren mit dem Radwegprojekt, das von der Barentssee im Norden bis zum Schwarzen Meer im Süden führt. Rund 200 der insgesamt ca. 10.400 Kilometer verlaufen durch das Wald- und Weinviertel.

Auf dem Weg nach Hardegg kommen wir in **Felling** an der letzten österreichischen Manufaktur zur Verarbeitung von Perlmutt vorbei. Da die Thaya immer ein Lebensraum für Perlenmuscheln war, entwickelte sich hier im 19. Jahrhundert eine florierende Kleinindustrie, die das Perlmutt

©Spiller

Schloss Ruegers

©Spiller

Weinviertler Upcycling

vor allem zu Knöpfen verarbeitete. Nach dem Zweiten Weltkrieg ersetzte man das Perlmutt der Knöpfe durch Kunststoff. Das Herstellen dieser edlen Erzeugnisse wurde immer unrentabler und bis auf die Fabrik in Felling schlossen alle anderen Betriebe. Wenige Jahre später reichten die Thayavorräte an Muscheln nicht mehr aus und so mussten diese importiert werden. Neun von zehn in Felling produzierten Knöpfen werden exportiert und schmücken vor allem Blusen und Hemden hochpreisiger Modelabels.

Nach einer herrlichen Bergabfahrt, Stopp und Rundgang in **Hardegg** (siehe Tour 8) geht es weiter, nun wieder ganz ordentlich bergauf, in Richtung Niederfladnitz und **Thayatal-Radweg**. Am Ende des Bergaufstücks bietet sich das *Nationalparkhaus* für einen Getränkestopp an. Wer am Wochenende um 15:30 da ist, kann auch schnell noch die Schaufütterung der beiden Wildkatzen Frieda & Carlo im größten Wildkatzengehege Österreichs bestaunen. Die Europäische Wildkatze galt in Österreich lange Zeit als ausgestorben, bis sie 2007 im Nationalpark Thayatal wiederentdeckt wurde. Wer noch keine zu müden Beine hat, kann in Merkersdorf einen 2 Kilometer langen Abstecher zur Feste Kaja machen. Vorher sollte man allerdings recherchieren, ob die Burg gerade geöffnet ist, denn ansonsten gibt es relativ wenig zu sehen, wie wir aus eigener Erfahrung bestätigen können.

Der **Kamp-Thaya-March-Radweg** führt uns direkt nach **Niederfladnitz**, wo man erfolglos nach dem Geburtshaus von Freddy Quinn sucht, was auch daran liegen kann, dass er selbst immer behauptet, in Wien geboren zu sein. Bei angeblich 20 unterschiedlichen Biographien lassen sich gewisse Unsicherheiten und Ungereimtheiten nicht ausschließen.

Wenn wir schließlich den **Kalvarienberg** und die Retzer Windmühle erreichen, wissen wir, dass es ab sofort nur noch munter bergab auf dem bekannten Radweg bis zum Hauptplatz Retz geht. Vor der letzten Abfahrt lohnt es sich abzusteigen und den Kalvarienberg zu erkunden oder beim Heurigen eine Jause einzunehmen. Von den ehemals rund 400 Windmühlen im Land ist sonst nur noch die in Podersdorf am Neusiedler See erhalten. Die heutige Windmühle wurde um 1855 gebaut. Das Wohnhaus nebendran war bis zu einem Brand im Jahr 1893 sozusagen die Schwestermühle. Die verbliebene Mühle leistete dann noch bis 1924 einträgliche Mahlarbeit, bevor man sie schlussendlich stilllegte, da modernere Techniken einträglicher waren. Jedoch stellte man die Mühle dann schnell unter Denkmalschutz. Lange Zeit war sie nicht funktionstüchtig, bis man ihr schließlich 2010 unter Mithilfe niederländischer Experten wieder Leben einhauchte.

Am **Retzer Hauptplatz** oder am Bahnhof endet diese abwechslungsreiche Tour.

SEHENSWERTES

Filmclub Drosendorf
Sommerkino mit aktuellen Filmen, beste Kulinarik vor Ort und mehr
Drosendorf, Hauptplatz 27

Gasthof Pension Zur Hammerschiede
Bodenständige Küche, E-Bike-Verleih
Drosendorf, Altstadt 34

Hotel Schloss Drosendorf
Entspannende Übernachtung im Schloss
Drosendorf, Schloßplatz 1

Nationalparkhaus Thayatal
Über Flora und Fauna des Thayatales
Hardegg, Merkersdorf 90

Perlmutt-Manufaktur
Alte Handwerkskunst im Waldviertel
Felling 37, www.perlmutt.at

Reblausexpress
Der lokale Railjet mit Heurigenwaggon gondelt zwischen Retz und Drosendorf
www.reblausexpress.at

Wehrhaftes Hardegg

Feste Kaja

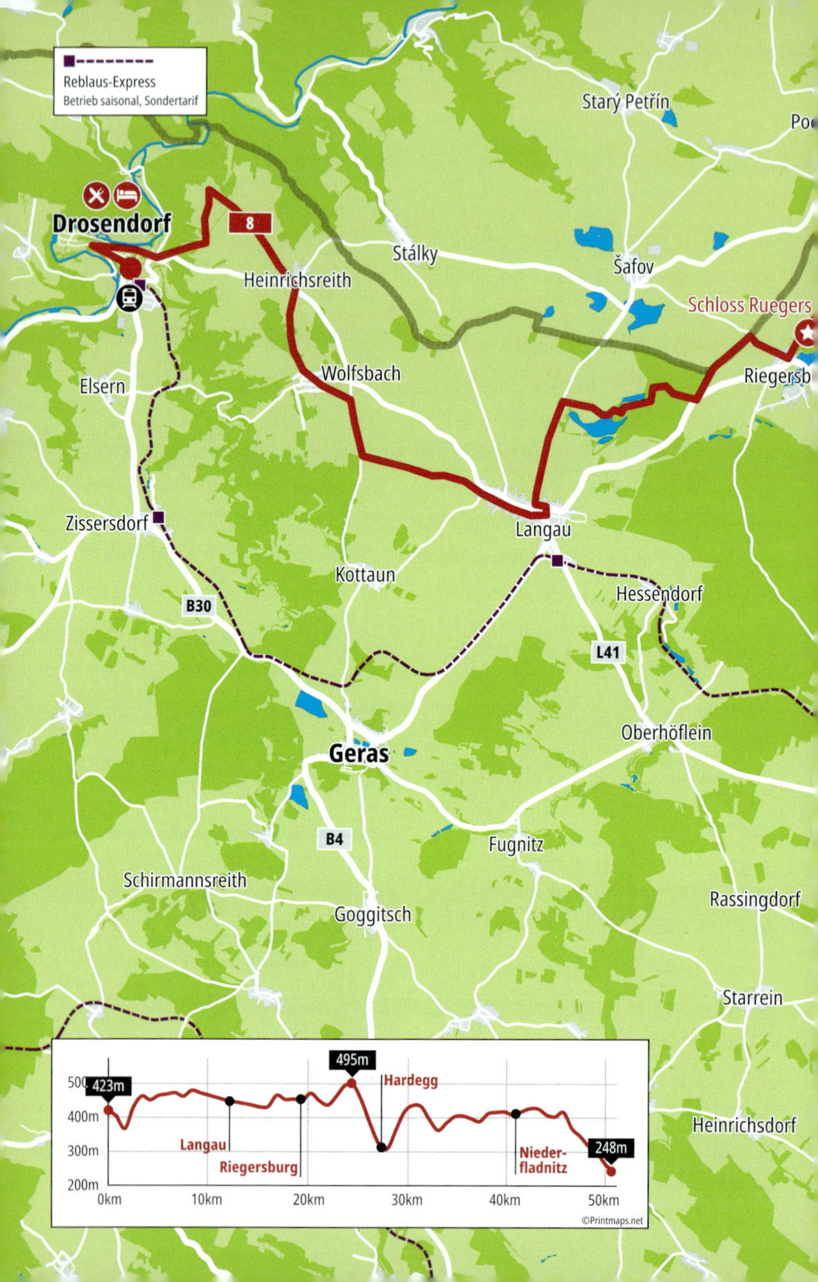
Reblaus-Express
Betrieb saisonal, Sondertarif
Starý Petřín
Drosendorf
8
Stálky
Šafov
Heinrichsreith
Schloss Ruegers
Wolfsbach
Riegersb
Elsern
Zissersdorf
Langau
Kottaun
Hessendorf
B30
L41
Oberhöflein
Geras
B4
Fugnitz
Schirmannsreith
Goggitsch
Rassingdorf
Starrein
Heinrichsdorf
423m
495m
248m
Hardegg
Langau
Riegersburg
Nieder-
fladnitz
500
400m
300m
200m
0km
10km
20km
30km
40km
50km
©Printmaps.net

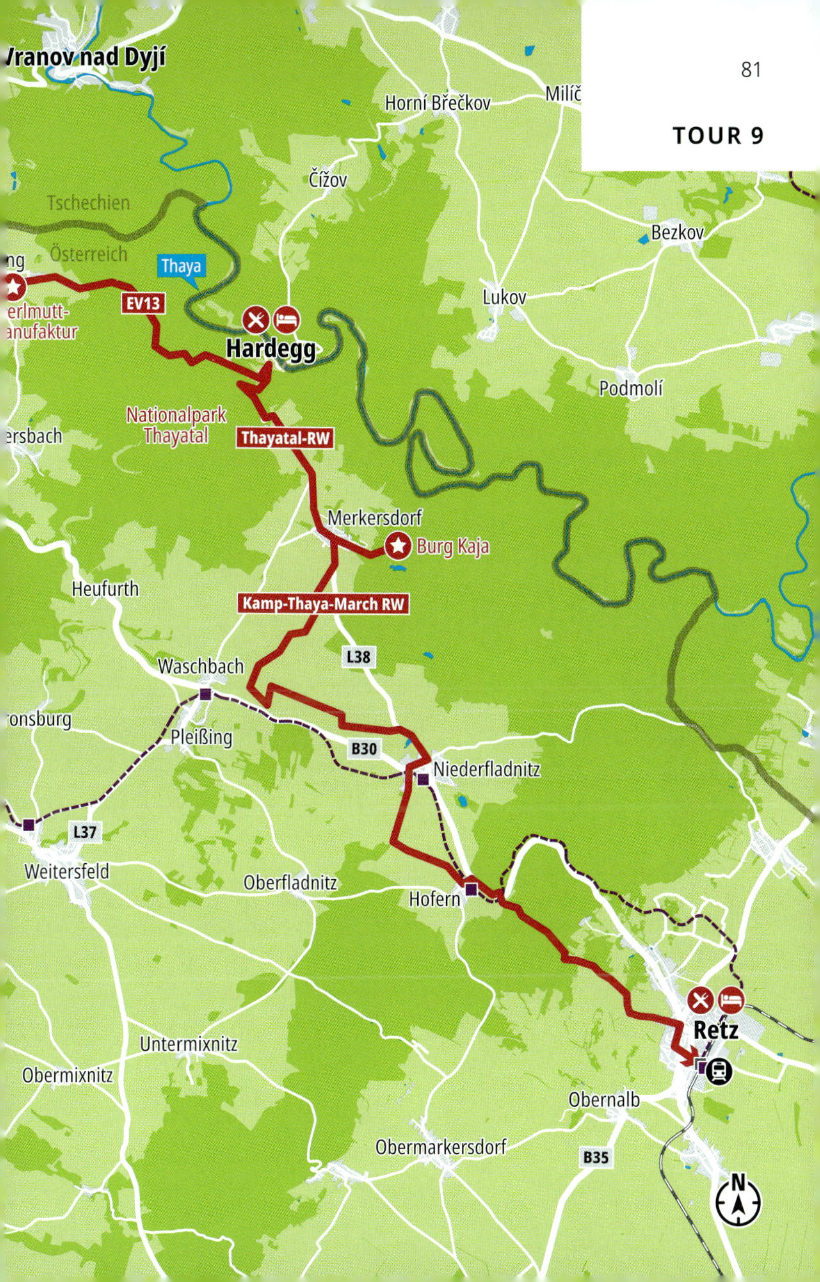
Vranov nad Dyjí
Horní Břečkov
Milič
Čížov
Tschechien
Österreich
Bezkov
Thaya
EV13
erlmutt-
anufaktur
Lukov
Hardegg
Podmolí
Nationalpark
Thayatal
Thayatal-RW
ersbach
Merkersdorf
Burg Kaja
Heufurth
Kamp-Thaya-March RW
L38
Waschbach
ronsburg
Pleißing
B30
Niederfladnitz
L37
Weitersfeld
Oberfladnitz
Hofern
Retz
Untermixnitz
Obermixnitz
Obernalb
Obermarkersdorf
B35
N

TOUR 10

Leiser Berge

Die mit dem Wolf radeln

Diese Tour führt zum Großteil durch den Naturpark Leiser Berge. Wie der Name schon andeutet, gestaltet sich die Tour zumindest auf dem Teilstück zwischen Ernstbrunn und Michelstetten durchaus hügelig. Schöne Aussichten und abwechslungsreiche Landschaften sind somit gesichert und ein bisschen sportliche Herausforderung ist auch mit im Gepäck. Neben den landschaftlichen Reizen bietet die Tour mit den beliebten touristischen Zielen der Region wie dem Wildpark und *Wolf Science Center Ernstbrunn* sowie dem *Museumszentrum MAMUZ Schloss Asparn/Zaya* weitere Highlights. Wer beiden einen Besuch abstatten möchte, sollte auf jeden Fall zeitig aufstehen. Der frühe Vogel hat dann einen weiteren Vorteil: Er fängt zwar in diesem Fall keinen Wurm, sieht aber wahrscheinlich zu Beginn der Fahrt ein buntes Potpourri der heimischen Fauna.

Unser Startpunkt ist der **Bahnhof Ladendorf**. Wir fahren rechts zur Landstraße hinab, auf der wir kurz darauf nach links beim Abzweig Kläranlage bereits wieder einbiegen und dem Taschlbach folgen. Ab hier ist der

ANREISE
2126 Ladendorf, Bahnhof

ÖFFENTLICH
Wien Praterstern › Ladendorf
Dauer: 0:55; S2; fährt täglich

TOUR
51km (4½h) I S I ↑550hm I mittel
Ladendorf › Ernstbrunn › Klement › Schloss Niederleis › Michelstetten › Asparn an der Zaya › Mistelbach
Hügelig, größtenteils Asphaltwege

Radweg Blauburger angeschrieben, dessen gut erkennbare Hinweisschilder uns nun lange begleiten werden. Auf dem ersten Teilstück kann man mit etwas Glück Fasane, Feldhasen, Rehe oder auch einen Eichelhäher erspähen. Nachdem wir durch **Eggersdorf**, **Pürstendorf** und **Kleinsitzendorf** geradelt sind, kommen wir

©Spiller

Kellergassen-Bergwertung

kurz vor Ernstbrunn an der Station der *Weinvierteldraisine* vorbei. Wenn man mal nicht auf dem eigenen Fahrrad unterwegs ist, kann man hier eine Fahrt von Ernstbrunn nach Asparn per Fahrraddraisine auf einem alten Bahngleis unternehmen. Eine Kombination mit der Fahrradtour wird zeitlich nur für ambitionierte Radelnde eine Option sein. Wir vertagen dieses Erlebnis somit und folgen weiter dem **Blauburger** am Dampflokdenkmal vorbei nach **Ernstbrunn**, wo sich Cafés und Bäckereien für eine erste Rast anbieten. Nach dem Ernstbrunner Ortsteil Dörfles erreichen wir einen der Höhepunkte der Region, den *Wildpark Ernstbrunn*. Auf fast 45ha befinden sich inmitten von Eichen- und Laubmischwäldern auf die unterschiedlichen Tierarten angepasste Gehege. Rot- und Damwild hirschen durch sumpfige Aulandschaft, schottische Hochlandrinder grasen auf saftigen Wiesen und in den ehemaligen Steinbrüchen kra-

Letzter Halt: Ernstbrunn

xeln Gämsen in den steilen Felswänden. Innerhalb des Parks liegt das *Wolf Science Center*, in dem weltweit einmalige Vergleichsstudien zwischen von Hand aufgezogenen Wölfen und Hunden in einem gemeinsamen Freigehege durchgeführt werden.

Vom Parkplatz des Tierparks führt der Radweg durch den weitläufigen Schlosspark, einen Landschaftsgarten aus dem 18. Jahrhundert. Mitten im Park liegt die über 1.000 Jahre alte Burg, die ab dem Ende des 18. Jahrhunderts großzügig zu einem Schloss umgebaut wurde. Während der sowjetischen Besatzungszeit wurde das Schloss stark beschädigt, dann aber durch die Besitzer stetig renoviert. Da das Schloss weiterhin im Privatbesitz ist, kann es nicht besichtigt werden.

Über eine herrliche Kastanienallee geht es aussichtsreich weiter und schließlich über die Landstraße hinab bis nach **Klement**. Vorsicht bei der Abfahrt, denn wir verlassen nun den Blauburger-Radweg. Im Ortszentrum von Klement folgen wir stattdessen der **Laaer Straße** (B6) rechts bergan. Hartgesottene mit geländegängigen Rädern können auch gleich bei der Bushaltestelle Klement Brückenwaage links bergan einbiegen, hier geht es dann recht steil und später auch nichtasphaltiert hinauf. Wer sich die Aussichtswarte auf dem 457m hohen Oberleiser Berg nicht entgehen lassen möchte, zweigt von der Laaer Straße nach der großen Linkskurve rechts bergan ab und kann 89 Stufen hinaufsteigen, um bei klarem Wetter bis zu den Karpaten, den Pollauer

©Spiller

Augen auf, Ohren auf.

©Spiller

Allee, Allee!

Bergen, Rax und Schneeberg blicken zu können. Im Aussichtsturm befindet sich auch ein Schauraum mit archäologischen Funden und der 6.000 Jahre alten Besiedelungsgeschichte. Am Berg war offensichtlich schon immer viel Betrieb, denn hier konnte nicht nur eine keltische Wallanlage, sondern auch erstmals in Mitteleuropa ein germanischer Königssitz aus dem 4./5. Jahrhundert ausgegraben werden. Zahlreiche Funde römischer Münzen deuten darauf hin, dass der Oberleiser Berg zur Zeit des Imperium Romanum ein relevanter Handelsort war.

Wer ohne Warte weiterfährt, nimmt die Nebenstraße links der Laaer Straße und es darf flott bergab gerollt werden, bis die **Schlossmauer Niederleis** in Sicht kommt. Das Schloss lässt sich nur mit Voranmeldung besichtigen, aber beim Tor oder über die Mauer kann man einen Blick erhaschen. Vor uns liegt die letzte längere Bergauf-Strecke mit Blick zum Buschberg samt der weithin sichtbaren Radarkuppel. Auf einem Vorgipfel wurde im Mittelalter eine kleine, befestigte Hausberganlage errichtet, die vermutlich als Warte genützt wurde. In der Bevölkerung trägt die Anlage den Namen *Schwedenschanze*. Dieser Name rührt wahrscheinlich daher, dass hier wohl schwedische Truppen während des 30-jährigen Krieges lagerten. Als nächstes folgen wir den Schildern nach **Michelstetten**. In den fünf historischen Klassenzimmern des hiesigen Schulmuseums würden sogar wir gerne wieder die Schulbank drücken, denn in den uralten Schulbänken sitzend gibt es »Unterricht« – entweder mit einer gestrengen Lehrerin im Rahmen einer Führung oder im Selbststudium – in Lesen und Schreiben, in Rechnen, in Geschichte und Länderkunde, in Naturgeschichte und in Physik. Wer nicht nur eine Stunde für die Führung, sondern zwei Stunden Zeit hat, kann auch die Michelstettener Matura absolvieren. Ein Blick auf die nahegelegene Wehrkirche ist hingegen zeitlich weniger aufwendig.

Kurz nach der Ortsausfahrt biegen wir an einer Busstation über eine kleine Brücke rechts ab. An einem Teich vorbei geht es noch einmal bergan, bis wir zur Zaya gelangen und hier dem bekannten **Blauburger-Radweg** wieder nach rechts bis nach **Asparn** an eben jener Zaya folgen. Direkt am Radweg liegt dann das *Museum MAMUZ* im Schloss Asparn/Zaya. Hier werden nicht nur verschiedene Ausstellungen von der Frühgeschichte bis ins Mittelalter geboten, sondern auf einem großen Freigelände auch jede Menge Ergebnisse experimenteller Archäologie präsentiert. Nachbauten unterschiedlicher Behausungstypen oder selbstgebackene prähistorische Brote geben Einblick in den Alltag unserer Vorfahren.

Unsere letzte Etappe nach **Mistelbach** führt über den **Radweg 5** an der Bahnstrecke entlang, bis uns ein Wegweiser zum Bahnhof Mistelbach leitet. Alternativ geht es auf dem EV9 rund 5km retour zu unserem Ausgangspunkt nach Ladendorf.

SEHENSWERTES

Wildpark Ernstbrunn
Nichts für Rotkäppchen
Ernstbrunn, Hollabrunnerstraße

Weinvierteldraisine
Fahrraddraisine durch die Leiser Berge
B40 zwischen Ernstbrunn und Thomasl

Kreativbäckerei Kürrer
Backe, backe Kuchen. In Bio
Ernstbrunn, Hoher-Hausberg 3

Flockerlhof: 1000 schöne Dinge
Klement 21, www.flockerlhof.at

Gasthaus Achter
Traditionelles Wirtshaus am Dorfplatz
Michelstetten, Dorfplatz 1

Urgeschichtemuseum MAMUZ Schloss Asparn/Zaya und Mistelbach
40.000 Jahre Mensch
www.mamuz.at

nitsch museum
Mistelbach, Waldstraße 44-46

©Spiller
Schloss Niederleis

©Spiller
Mammuts im MAMUZ

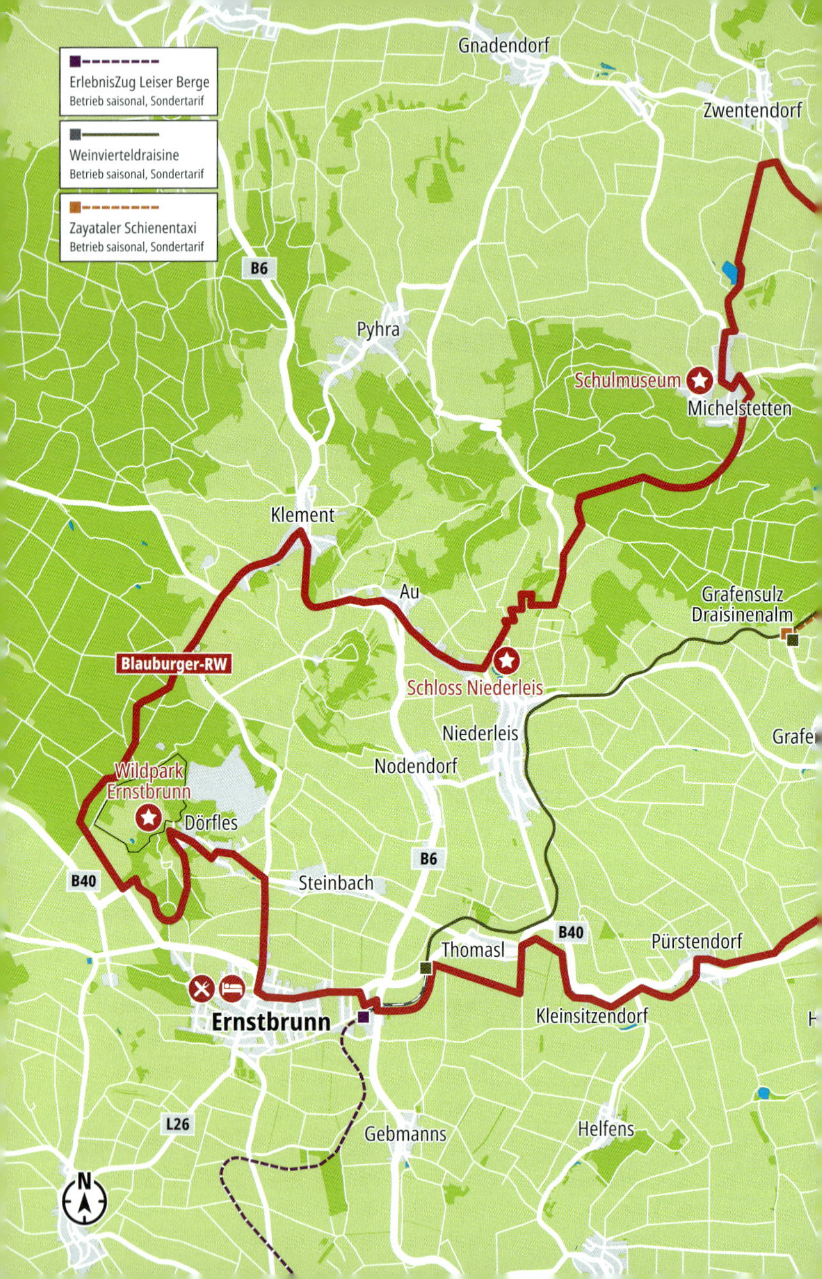

ErlebnisZug Leiser Berge
Betrieb saisonal, Sondertarif
Weinvierteldraisine
Betrieb saisonal, Sondertarif
Zayataler Schienentaxi
Betrieb saisonal, Sondertarif
Gnadendorf
Zwentendorf
B6
Pyhra
Schulmuseum
Michelstetten
Klement
Au
Grafensulz
Draisinenalm
Blauburger-RW
Schloss Niederleis
Niederleis
Nodendorf
Wildpark
Ernstbrunn
Dörfles
B40
Steinbach
Thomasl
Pürstendorf
Ernstbrunn
Kleinsitzendorf
L26
Gebmanns
Helfens
N

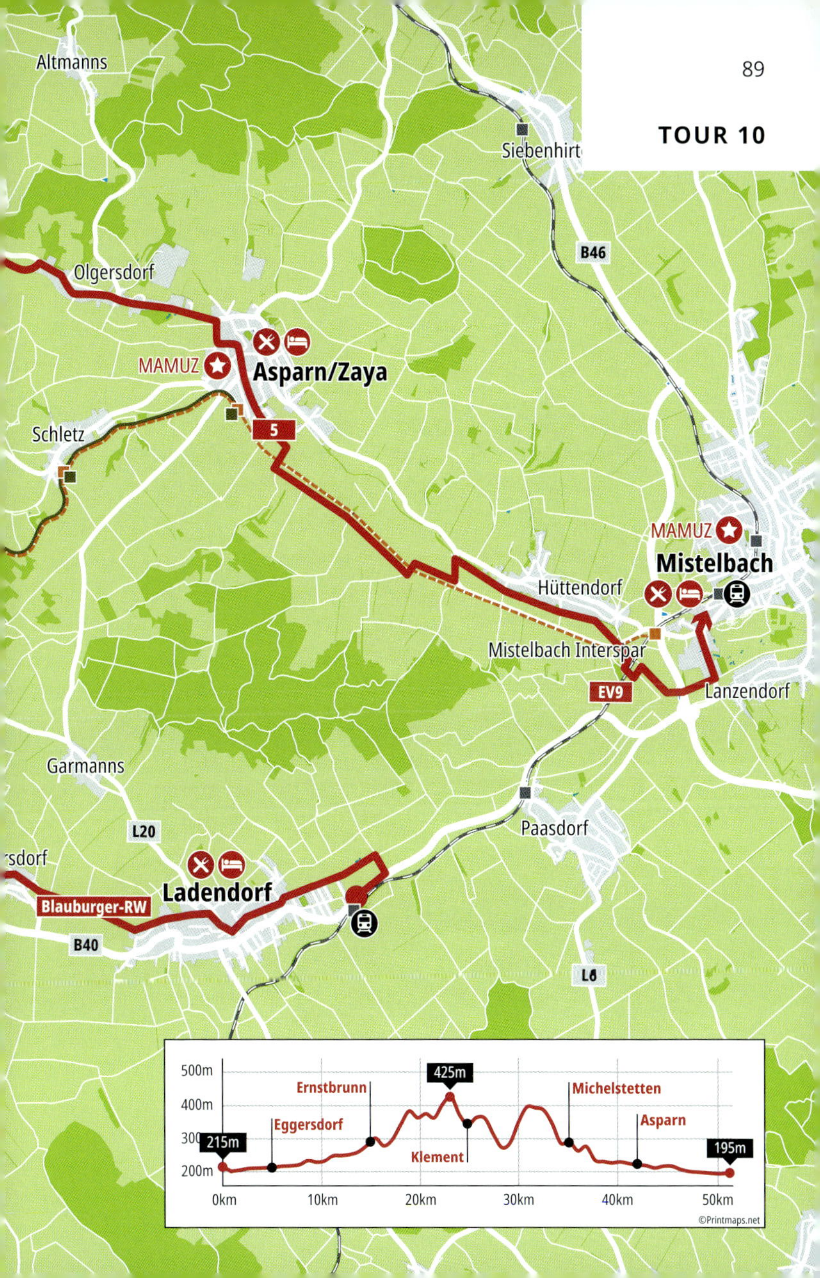
Altmanns
Siebenhirt
B46
Olgersdorf
MAMUZ
Asparn/Zaya
Schletz
5
MAMUZ
Mistelbach
Hüttendorf
Mistelbach Interspar
EV9
Lanzendorf
Garmanns
L20
Paasdorf
sdorf
Ladendorf
Blauburger-RW
B40
L6
500m
400m
300m
200m
215m
Eggersdorf
Ernstbrunn
425m
Klement
Michelstetten
Asparn
195m
0km
10km
20km
30km
40km
50km
©Printmaps.net

Dallas & Liechtenstein

Auf Spurensuche im östlichen Waldviertel

Unterwegs im ehemaligen Grenzgebiet des Eisernen Vorhangs begegnet uns auf dieser Tour immer wieder der EV13 (Iron Curtain Trail). Meist grenznah radeln wir durch den Osten des Weinviertels und auf tschechischer Seite rund um Valtice.

ANREISE
2273 Hohenau an der March, Bahnhof

ÖFFENTLICH
Wien Praterstern › Hohenau
Dauer: 1:03; REX1; fährt täglich

TOUR
81km (6h) | R | ↑440hm | mittel
Hohenau › Altlichtenwarth › Prinzendorf › Großkrut › Herrnbaumgarten › Valtice › Bernhardsthal › Hohenau
Sanfte Hügel, Asphalt-/Wald-/Schotterwege

Los gehts an der **Bahnstation Hohenau**. Wir verlassen das Bahnhofsgelände über die Bahnstraße, halten uns beim Kreisverkehr rechts und radeln gemütlich auf der Meierhofgasse bis zur Kirche. Nachdem wir hier links abgebogen sind, erreichen wir gleich das *March-Thaya-Zentrum*. Außer jeder Menge Infomaterial gibt es hier auch eine interaktive Ausstellung zur Welt der March-Thaya-Auen. Viele Abschnitte dieses Auengebietes waren aufgrund des Eisernen Vorhangs über 30 Jahre lang weitgehend unzugänglich. Das Ökosystem wurde nicht nur erhalten, sondern blieb in dieser Zeit praktisch unberührt, so dass sich die reiche Artenvielfalt weitgehend ungestört entwickeln konnte. Die Auen sind Teil des sogenannten »Grünen Bandes« und gelten als eine der ursprünglichsten Auenlandschaften Mitteleuropas.

Sobald wir das Zentrum verlassen haben, folgen wir dem gut beschilderten EV13 (Iron Curtain Trail) bzw. dem 8er (Kamp-Thaya-March-Radroute) bis **Altlichtenwarth**. Hier wechseln wir nun auf den EV9 (Ostsee-Adria-Route), welcher uns vorbei an einigen Hanf- und Kürbisfeldern quer über ein Ölfeld nach **Neusiedl an der Zaya**

©Spiller

Fossile Geschichte

führt. In der Region wurde ab den 1930er Jahren in großem Stil nach Erdöl gebohrt. Mit dem Ende des Krieges und den anschließenden Reparationsleistungen an die UdSSR erlebte die Region in den 1960er Jahren einen Boom. Bis zu 50% des österreichischen Energiebedarfs konnten mit Weinviertler Erdöl gedeckt werden. In Neusiedl gab man das Geld freigiebig aus, allerdings sind die meisten damaligen Errungenschaften wie das Hallenbad, ein Springbrunnen vor dem Rathaus, ein Eislaufplatz oder auch der Skilift inzwischen wieder geschleift worden. Die sogenannten Pferdekopfpumpen fördern immer noch Öl, die Bohrtürme sind aber nur noch Teil einer Kunstinstallation. Sie bilden einen sonderbaren Kontrast zu den Symbolen der neuen Energieerzeugung, den allgegenwärtigen Windrädern.

Über Hauskirchen führt uns der EV9 nun weiter nach **Prinzendorf**. Hier

Museum statt Grenzzaun

kommen wir an der Abzweigung des Radwegs 918 vorbei. Wir lassen diese noch rechts liegen, behalten den Abzweig aber für später in Erinnerung. Vorher wollen wir noch einen Blick auf **Schloss Prinzendorf** werfen. Der heutige Bau ist wahrscheinlich Nachfolger einer mittelalterlichen Burg. Das jetzige Gebäude entstand aber erst 1751. Rund 220 Jahre später erwarb es mit Hermann Nitsch einer der bekanntesten und auch umstrittensten österreichischen Künstler des 20. Jahrhunderts. Der Mitbegründer des Wiener Aktionismus veranstaltete hier dann regelmäßig sein Orgien-Mysterien-Theater und auch den Höhepunkt seines Schaffens, das »6-Tage-Spiel«. Nach seinem Tod im Jahr 2022 wurde Hermann Nitsch hier auch beigesetzt.

Nach einem kurzen Blick auf das Klingelschild und durchs Tor machen wir uns auf den Rückweg zur Abzweigung des **Radverbindungswegs** **918**. Nun geht es weiter nach **Groß-krut** und ab hier dient uns bis zum Weinort Herrnbaumgarten wieder die **Kamp-Thaya-March-Radroute** als Orientierung. Am Ortseingang von **Herrnbaumgarten** halten wir uns aber rechts und folgen der **Liechtenstein-Radroute** in Richtung Staatsgrenze. Nach dem letzten Ort auf österreichischer Seite – **Schrattenberg** – erreichen wir den alten Grenzübergang, in dem auch ein kleines Museum des Eisernen Vorhangs eingerichtet wurde. Wir fahren allerdings weiter, zu verlockend ist das Abwärtsstück nach Valtice. Zwischen den Schlössern Valtice und Lednice liegt

©Spiller

Kellergasse bei Hohenau

©Spiller

Freiheitsplatz / Zámek Valtice

eine riesige Landschaftsanlage, die aufgrund ihrer Größe oft gar nicht als Park wahrzunehmen ist und die seit 1996 zum Weltkulturerbe der UNESCO gehört. Die Größe des Parks wird meist mit rund 280km² angegeben, das entspricht rund 40.000 Fußballfeldern, damit gilt die komponierte Landschaft als größte ihrer Art in Europa. Fast siebenhundert Jahre lang waren beide Schlösser im Besitz der Liechtensteiner gewesen, die dazwischen gut 300 Jahre lang Teiche, Landschaftsgärten, Staffagebauten und eine 7km lange Allee mit über 2.000 Bäumen anlegten. Mit dem Ende des 1. Weltkrieges fiel das Gebiet an die neugeschaffene Tschechoslowakei, wodurch die Liechtensteiner den Großteil ihres Grundbesitzes verloren und nicht weiter in den Ausbau investierten, nach dem 2. Weltkrieg wurden sie dann endgültig enteignet. Bereits während des Krieges war der Sitz des Hauses aber bereits mehr und mehr nach Liechtenstein gewandert.

In **Valtice** stellen wir unsere Räder direkt auf dem Platz vor dem ehemaligen Hauptsitz des Hauses Liechtenstein ab. Hier sticht zuerst die Kirche Mariä Himmelfahrt ins Auge, das Schloss erreicht man durch einen eher kleinen Durchgang. Die Ursprünge des heutigen Barockschlosses gehen auf das 12. Jahrhundert zurück, welches im 18. Jahrhundert von Johann Bernhard Fischer von Erlach umgebaut wurde. Ein kurzer Rundgang und ein Blick in den Schlosspark sind absolut empfehlenswert.

Gegenüber der Kirche bietet sich eine Eis-Pause an, bevor es auf dem EV9 noch zum Dianatempel (Rendezvous) weitergeht. Dieser Tempel ist wohl das schönste Beispiel für die Staffagebauten, die hier in eher ungewöhnlicher Umgebung stehen. Optisch wirkt der Dianatempel eher wie ein Triumphbogen, jedoch ist er eigentlich ein Jagdschloss mit einem Festsaal und einer Dachterrasse. Eine beeindruckende Partylocation, wenn man so will.

Durch das Parkareal der **Liechtenstein-Radroute** radeln wir nun wieder in Richtung der **Grenze**. An der Bundesstraße ankommend halten wir uns erneut rechts und fahren am altbekannten EV13 (Iron Curtain Trail) retour nach Österreich.

Bei **Reintal** weisen uns alle Radwegweiser vor dem Hamelbach nach rechts, wir queren diesen jedoch über die Brücke und fahren anschließend gleich dem Bach nach links folgend weiter. Nun nehmen wir dem Radweg 914 nach Bernhardsthal. Nachdem wir den Bernhardsthaler Teich passiert haben, radeln wir anschließend die **Bernstein Straße** (B49) nach rechts, bis wir zur **Tumuliwarte** gelangen. Diese ermöglicht einen Blick auf zwei Grabhügel aus der Keltenzeit. Auf der anderen Seite der Bundesstraße führt uns ein Weg zu einem Bahnübergang, hinter dem wir nach links in Richtung **Hohenau** abbiegen um unsere heutige Tour zu beenden.

SEHENSWERTES

Weingut Späth
Großkrut, Poysdorfer Str. 121

Genießerhof Bohrn
Herrnbaumgarten, Hauptstraße 60

wein.keller.sporr
Herrnbaumgarten, Tiefer Graben 17

Nonseum
Erfindungen, die man nicht braucht
Herrnbaumgarten, Poysbrunner Str. 9

March-Thaya-Zentrum
Interaktive Ausstellung zum Naturraum der March-Thaya-Auen, kleiner Shop
Hohenau an der March, Parkgasse 1a

Kanu Ferl
Für Kanu-Kapitäne und Leichtmatrosen
www.kanu-ferl.at

Schloss Valtice
Alles über das tschechisch-liechtensteinische Weltkulturerbe
www.zamek-valtice.cz/de

©Spiller

Rendezvous im Wald

©Spiller

Erntezeit

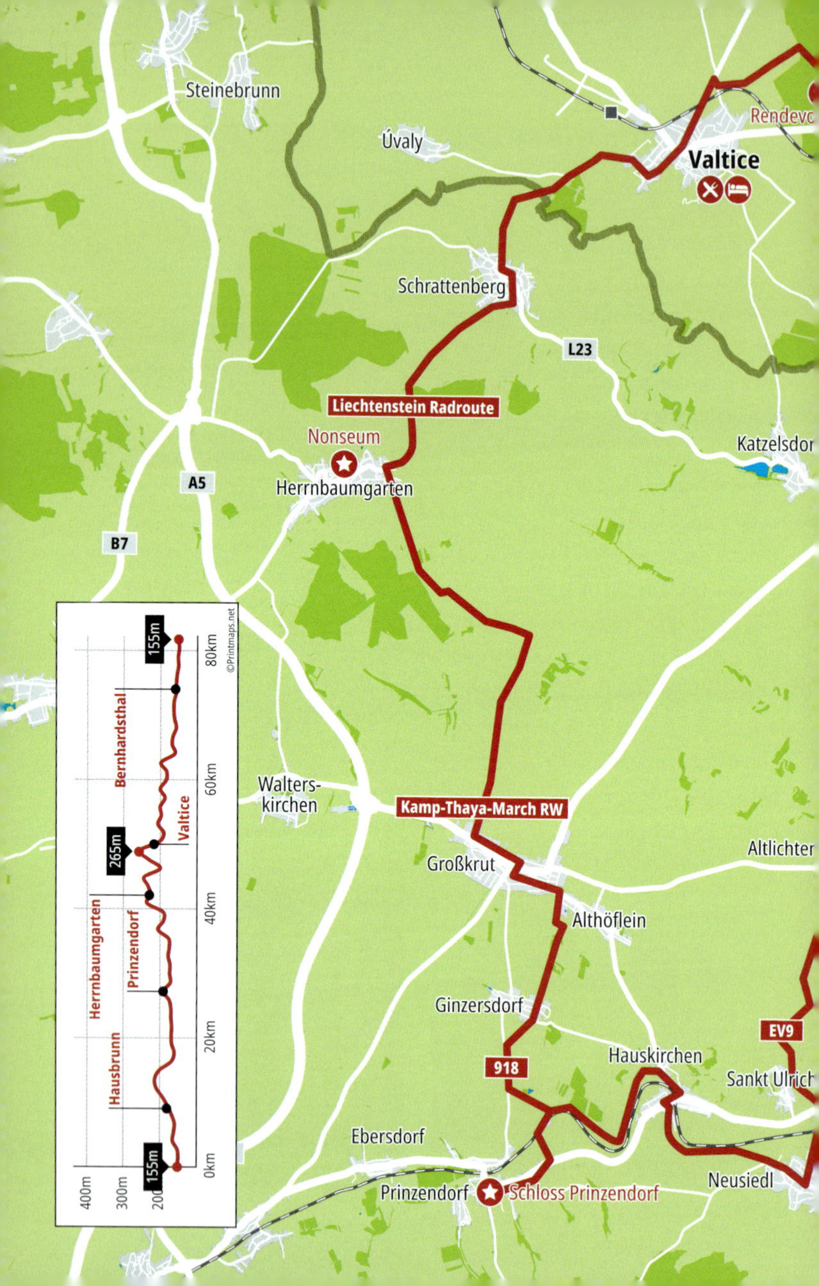
Steinebrunn
Úvaly
Valtice
Schrattenberg
L23
Liechtenstein Radroute
Nonseum
Herrnbaumgarten
A5
B7
Walters-
kirchen
Kamp-Thaya-March RW
Großkrut
Althöflein
Ginzersdorf
EV9
918
Hauskirchen
Sankt Ulrich
Ebersdorf
Neusiedl
Prinzendorf
Schloss Prinzendorf
155m
265m
155m
Hausbrunn
Herrnbaumgarten
Prinzendorf
Valtice
Bernhardsthal
0km
20km
40km
60km
80km
400m
300m
200
©Printmaps.net

Břeclav
40
Poštorná
55
Lanžhot
Tschechien
Österreich
EV13
Reintal
B47
914
Bernhardsthal
Tumuliwarte
Thaya
B49
Rabensburg
Hausbrunn
EV13
March
L20
Hohenau
Dobermanns-
dorf
B48
N

TOUR 12

Schlösser & Störche

Unterwegs auf der Marchfelder Schlösserstraße

Eine Mischung aus Auenlandschaften, Schlössern, Störchen und dem speziellen Flair einer langsam wieder zusammenwachsenden Grenzregion macht diese Tour ausgesprochen abwechslungsreich. Wer sich den historischen Gebäuden intensiver widmen möchte, sollte allerdings einiges an Zeit einplanen.

ANREISE
2295 Oberweiden, Bahnhof

ÖFFENTLICH
Wien Praterstern › Oberweiden
Dauer: 0:56; S1; fährt täglich

TOUR
63km (5h) | S | ↑130hm | einfach
Oberweiden › Marchegg › Schloss Hof › Haringsee › Eckartsau › Stopfenreuth › Bad Deutsch-Altenburg
Flach, meist Radwege (Asphalt/Schotter)

Wir starten an der **Bahnstation Oberweiden**. Kurz geht es bergan und nachdem wir uns nach der Salmhofer Straße links gehalten haben, stechen uns gleich die ersten Wegweiser ins Auge. Wir orientieren uns an der Nr. 8 (Kamp-Thaya-March-Radweg). Mit Blick auf die Westkarpaten geht es in Richtung Marchegg. Die Karpaten erstrecken sich über rund 1.300 Kilometer in einem Bogen vom nördlichen Rand des Wiener Beckens bis in den Osten Zentralserbiens. Nach den Alpen sind sie das zweite bestimmende Gebirgssystem in Mitteleuropa. Marchegg wurde 1260 gegründet und vom damaligen böhmischen König gemeinsam mit dem Schloss an der Grenze zum Königreich Ungarn gebaut. Das Schloss war seinerzeit eher eine innerhalb der Stadtbefestigung liegende Burg und sollte nach einer siegreichen Schlacht zur nachhaltigen Sicherung der Grenze zu Ungarn dienen. Im 16. und im 17. Jahrhundert wurde die Burg zu einem Schloss umgebaut bzw. barockisiert und so entstand schließlich das Barockschloss, das wir heute kennen. Neben den zahlreichen Weißstörchen,

©Spiller

Gleitflug

die im Schlosspark die größte auf Bäumen nistende Kolonie Mitteleuropas bilden, fällt besonders eine mächtige, wahrscheinlich rund 300-jährige Platane auf, deren Stamm einen Umfang von ca. 8 Metern hat.

Für uns geht es auf dem 8 er weiter und wir queren eine Radbrücke über die March in Richtung Slowakei. Nun orientieren wir uns am EV13 (Iron Curtain Trail) in Richtung »Radbrücke der Freiheit« und Devin. Es geht durch das idyllische Auenland der March, das auf slowakischer Seite Moravské luhy heißt bis zur besagten **Radbrücke der Freiheit**. Die Brücke ist aufgrund ihrer Länge und Höhe durchaus imposant. Die Bauherren wollten die Namensgebung der Brücke demokratisch gestalten und veranstaltete eine Internetumfrage. Eigentlich sollte diese verbindlich für den zukünftigen Namen der Brücke sein, doch wie so oft entwickelte auch diese Umfrage eine eigene Dynamik.

Nest mit Aussicht

So entschied man sich gegen den Sieger, da der Name »Chuck-Norris-Brücke« dem verbindenden Charakter der Brücke nicht wirklich gerecht wurde. Wer sich also verfährt, sollte nach der Brücke fragen, die nach dem Protagonisten bekannter Persiflagen benannt wurde. Wir überqueren die Marchauen in Richtung Österreich und radeln direkt auf das markante **Schloss Hof** zu. Schloss Hof wurde nach einigen hundert Jahren wechselnder Besitzer von Prinz Eugen von Savoyen erworben. Dieser ließ das Renaissanceschloss von einem der bedeutendsten Baumeister des Barock, Johann Lucas von Hildebrandt, der auch bereits sein Gartenpalais und das Obere Belvedere entworfen hatte, zu einem Jagdschloss umbauen. Der Garten ist später nie wieder verändert worden und konnte so, obwohl er zwischenzeitlich stark verwildert war, wieder im Originalzustand rekonstruiert werden. Hierzu wurden unter anderem alte Gemälde aus dem Kunsthistorischen Museum verwendet, auf denen der Garten detailgetreu abgebildet war.

Weiter gehts am Radweg **Carnuntum-Schloss Hof-Bratislava Tour**. Sehr bald treffen wir auf den Rußbach bzw. den **Marchfeldkanalradweg**, denen wir bis nach **Haringsee** folgen. Dort halten wir uns nach Kreisverkehr und Kirche links und fahren über die Bahnstraße in Richtung **Pframa**. Ab hier wählen wir die Route **Marchfelder Schlösserstraße**, auf der wir nach **Eckartsau** gelangen. Der Weg zum Schloss ist nun gut beschildert.

©Spiller

Schloss Hof

©Spiller

Am Marchfeldkanal

In den Schlosspark darf man recht weit hineinradeln und anschließend die dafür vorgesehenen Fahrradständer nutzen, was angenehm ist, wenn man, wie wir schon ordentlich müde Beine hat. Recht einladend sind daher auch die zahlreichen Liegestühle im Schlosspark.

Auch Schloss Eckartsau wurde von einem neuen Besitzer zu einem barocken Jagdschloss umgebaut. Hier war ein kaum minder prominenter Baumeister tätig, auch wenn Joseph Emanuel Fischer von Erlach immer im Schatten seines Vaters stand. Besondere Bekanntheit erreichte Schloss Eckartsau aber deutlich später. Zum Ende der Monarchie 1918 war es einige Wochen lang die kaiserliche Residenz und dann die letzte Wohnstatt Karls I. von Österreich, bevor dieser mit seiner Familie in die Schweiz emigrierte. Nach einer Besichtigungsrunde oder einem Kaffee im Innenhof geht es hinter dem Schloss weiter.

Schloss Eckartsau

Über eine Brücke queren wir den Fadenbach Richtung Süden, bis wir zum EV6 (Donauradweg) gelangen. Diesem folgen wir nun nach links, nehmen die Donaubrücke in Richtung **Bad Deutsch-Altenburg**, unserem Ziel der heutigen Tour.

Zum Bahnhof gelangen wir über die Badgasse, nach Queren der Wienerstraße weiter gegenüber in die Neustiftgasse und zum Abschluss noch eine kleine Bergwertung den Bahnweg zum Bahnhof hinauf. Je nach Temperatur und persönlichen Vorlieben bieten sich am Weg noch unterschiedliche Erfrischungen an, entweder in Form eines Badestopps bei Stopfenreuth oder in Bad Deutsch-Altenburg im Eiscafé kurz nach dem Museum Carnuntum.

SEHENSWERTES

Weydner Wirtshaus
Gutes aus dem Marchfeld
Oberweiden, Schönfelder Straße 2

Schloss Marchegg
Storch- und Schlossbesichtigung
Marchegg, Im Schloss 1

Flussabenteuer
Storchsichtung vom Kanu aus
www.flussabenteuer.at

Schloss Eckartsau
Das Schloss in den Donauauen
Café, Austellungen, Shop
www.schlosseckartsau.at

Schloss Hof
Prinz Eugens Residenz am Land
www.schlosshof.at

Stopfenreuth
Im knallroten Gummiboot am Seitenarm der Donau schippern
www.donauauen.at

©Spiller

Besuch beim Nachbarn

©Spiller

Grenzfluss March

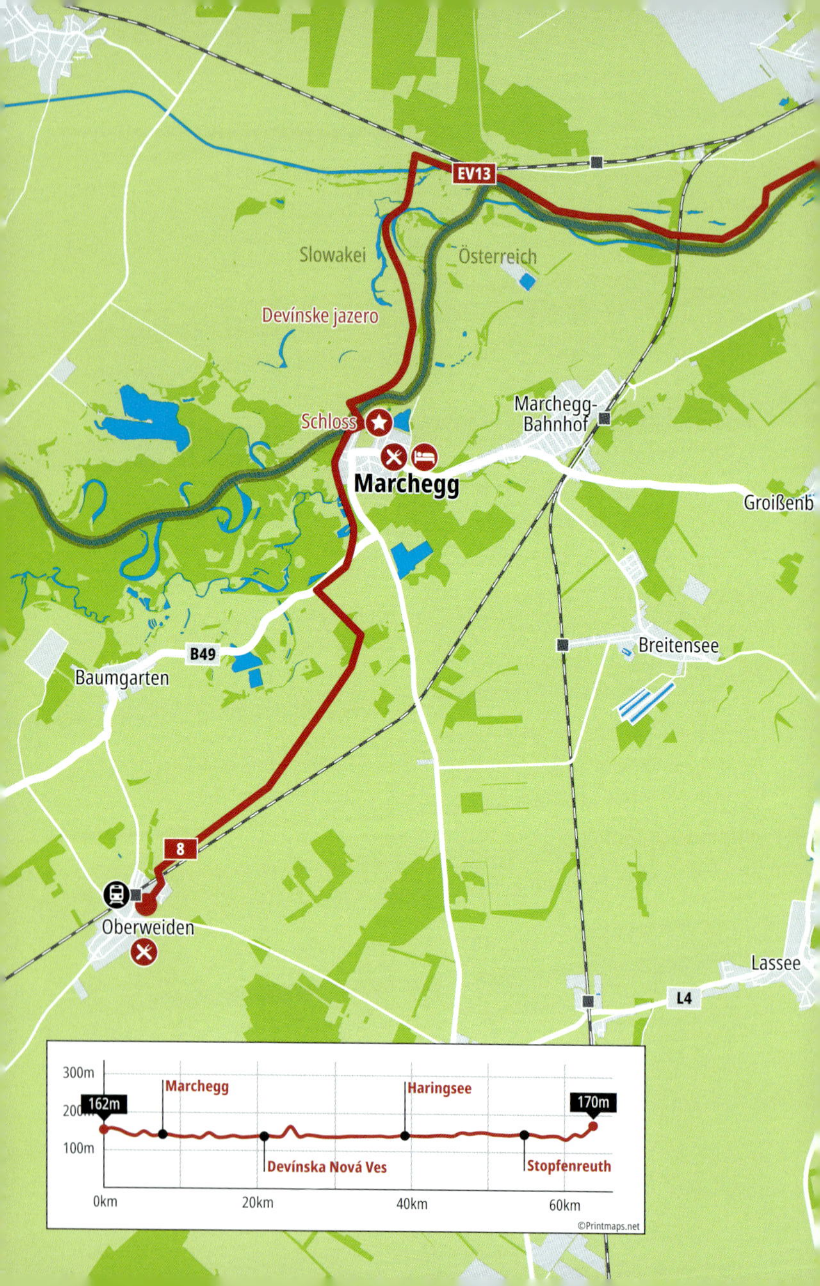

EV13
Slowakei
Österreich
Devínske jazero
Schloss
Marchegg
Marchegg-Bahnhof
Groißenb
B49
Baumgarten
Breitensee
8
Oberweiden
Lassee
L4
300m
200m
100m
162m
170m
Marchegg
Haringsee
Devínska Nová Ves
Stopfenreuth
0km
20km
40km
60km
©Printmaps.net

Devínska Nová Ves
Devín
Fahrradbrücke der Freiheit
Markthof
Donau
Hainburg
Rußbach
Nationalpark Donauauen
Schloss Hof
Marchfeldkanalradweg
EV6
Bad Deutsch-Altenburg
Au-Terrasse
B49
Engelhartstetten
Stopfenreuth
L4
L8
Donau
Loimersdorf
Witzelsdorf
EV6
Kopfstetten
Nationalpark Donauauen
Schloss
Eckartsau
EV6
Haringsee
Pframa

TOUR 13

Alte Straßen

Großtrappen- und UFO-Sichtungen

Auf der alten Handels- und Heeresstraße von Wien über Carnuntum und die Hainburger Pforte bis nach Budapest lässt es sich ausgezeichnet radeln. Entlang des Donaulimes musste man damals wie heute nicht mit größeren Steigungen rechnen, was für Reisende aller Art hilfreich ist. Die historische Bedeutung macht diese Tour somit nicht nur landschaftlich, sondern auch kulturell ausgesprochen reizvoll. Etwas weniger reizvoll kann in dieser Region der Wind sein, es ist also eine gute Idee bei der Planung auch einen Blick auf die zu erwartenden Windgeschwindigkeiten zu werfen.

Wir starten unseren Tagesausflug beim **Bahnhof Petronell-Carnuntum**. Hier befindet sich die bedeutendste Ausgrabungsstätte des römischen Österreichs. Carnuntum entwickelte sich von einem Legionslager mit angeschlossener Siedlung ab dem 1. Jahrhundert schließlich zur Provinzhauptstadt von Oberpannonien mit rund 50.000 Einwohnern. Wien bzw. Vindobona war seinerzeit ein Außenlager Carnuntums. Aufgrund der strategisch günstigen Lage war Carnuntum immer wieder Schauplatz bedeutender Ereignisse der römischen Geschichte: Mark Aurel zog von hier in die Stammesgebiete nördlich der Donau, ein oberpannonischer Statthalter wurde hier zum Kaiser ausgerufen und 308 n. Chr. die Kaiserkonferenz von Carnuntum abgehalten. Mit einem schweren Erdbeben im 4. Jahrhundert ging es mit der Stadt wie auch

ANREISE
2404 Petronell-Carnuntum, Bahnhof

ÖFFENTLICH
Wien Mitte › Petronell-Carnuntum
Dauer: 0:57; S7; fährt täglich

TOUR
83km (6½h) | R | ↑270hm | mittel
Petronell-Carnuntum › Pama › Kittsee › Bratislava › Devín › Schloss Hof › Bad Deutsch-Altenburg › Petronell-Carnuntum
Hügelig, ruhige Asphalt-/Schotterwege

©Spiller

Edelstaler Kellergasse

den Römern abwärts. In der Region kann man zahlreiche Überreste römischer Bauwerke entdecken, denen wir uns am Tourende widmen.

Wir radeln erst einmal links in die Ing. Josef Taubergasse und sehen dann nach Überquerung der Bahngleise einen Radwegweiser **Entdeckertour Donau – Neusiedler See**. Wir orientieren uns an diesem in Richtung Neusiedl am See und folgen den Schildern bis Edelstal.

Zahlreiche Windräder erinnern uns an die in der Einleitung erwähnte Wind-Problematik.

Über **Prellenkirchen** erreichen wir **Edelstal**, wo wir uns von der **Entdeckertour Donau – Neusiedler See** trennen und stattdessen auf dem **Heideradweg** B21 bergab über Schotterwege nach **Pama** radeln. Ab Pama weist uns dann der EV13 (Iron Curtain Trail) für längere Zeit den Weg. Vorbei an einer Vogelbeobachtungswarte

Wind und Wein

nahe Kittsee begegnen wir der Großtrappe, der schwersten (bis zu 16kg) flugfähigen Vogelart der Welt. Sie gilt heute in Mitteleuropa als seltener Brut- und Jahresvogel und ist vom Aussterben bedroht. Neben der Landwirtschaft und dem damit verbundenen Verlust des Lebensraumes machen ihr vor allem Hochspannungsleitungen zu schaffen. Wer Glück hat, erspäht sogar ohne Fernglas die eine oder andere Großtrappe aufgrund ihrer Größe von bis zu einem Meter.

Nach der Großtrappensichtung geht es weiter nach **Kittsee**. Hier biegt der EV13 beim Hauptplatz rechts ab. Wer jedoch noch das Schloss und den Fabriksverkauf der Schokoladenfabrik Hauswirth mitnehmen möchte, merkt sich den Abzweiger für später und fährt erstmal weiter geradeaus. Von Kittsee folgen wir dem EV13 über die **Grenze** in die Slowakei. Wir radeln durch **Bratislavas Vorstadt**, bis wir eine mehrspurige Straße mittels einer Brücke queren müssen. Es gibt keine Rampe, der Lift ist nicht sofort zu finden, war in unserem Fall auch defekt, ergo musste ein Aufstieg über die Stiegen erfolgen. Nun geht es aber bis zur Donau gut beschildert weiter.

Wer einen Stopp in der Innenstadt machen möchte, quert die Donau über die »Ufo-Brücke«. Sie heißt eigentlich *Brücke des slowakischen Nationalaufstandes* und ist seit über 50 Jahren ein Wahrzeichen Bratislavas. Sie verbindet die Altstadt mit dem zur sozialistischen Modellstadt ausgebauten Stadtteil Petrzalka.

©AdobeStock/Grzegorz

Erst Großtrappen-...

©Spiller

...dann UFO-Sichtung

Als die Brücke entstand, gab es heftige Proteste, die aber nicht die Brücke an sich, sondern die Stadtautobahn betrafen, die über sie führt. Dieser fielen die Synagoge und Teile des jüdischen Viertels zum Opfer und noch heute schlägt sie eine markante Schneise in die Altstadt.

Wer die Altstadt wie wir auslässt, hält sich links und folgt weiter dem Radweg bis zur nächsten Donaubrücke. Nachdem wir diese Brücke hinter uns gelassen haben, führt uns der EV13, oft nah an einem Nebenarm der Donau, nach **Devín** weiter. Der Radweg ist auf diesem Stück leider oft identisch mit einer verkehrsreichen Straße.

In Devín angekommen stellen wir die Räder auf dem Parkplatz der **Burg Theben/Hrad Devín** ab und erklimmen diese imposante Festungsanlage mit fantastischem Blick über den Zusammenfluss von March und Donau. Beim Anblick und Ausblick wird einem schnell die geographische Ausnahmestellung des Felsens bewusst, von hier konnte man Land und Fluss ausgezeichnet einsehen und kontrollieren. Für die Slowaken hat die Burg außerdem eine wichtige identitätsstiftende Funktion, denn sie leiten die Wurzeln ihrer Nation aus dem Mährerreich ab, während dessen Existenz die ältesten Teile der Burg gebaut wurden. Vom Aussichtsplateau erblickt man außerdem das Naturreservat Devínska Kobyla. Dort befindet sich auch der Sandberg, ein Überbleibsel eines Meeresriffes aus der Zeit des Tertiärs.

Wieder im Sattel radeln wir den EV13 weiter bis nach **Devínska Nová Ves** (von hier aus kommt man zum oben beschriebenen Sandberg) und erreichen über die **Brücke der Freiheit** wieder Österreich, wo uns das größte der Marchfeldschlösser – Schloss Hof – ins Auge sticht (Details Tour 12).

Weiter geht es dann auf den Zubringer in Richtung Donauradweg. Hier treffen wir bald auf den Rußbach bzw. den **Marchfeldkanalradweg**. Diesen Schildern folgen wir, bis wir bei **Engelhartstetten** den Radwegweiser **Carnuntum-Schloss Hof-Bratislava Tour** sehen. Diese Orientierungshilfe bringt uns bis **Stopfenreuth**, wo wir auf den EV6 (Donauradweg) treffen.

Nun gehts über die Donau nach **Bad Deutsch-Altenburg** und schließlich zurück nach **Petronell-Carnuntum**. Wer nicht zu langsam geradelt ist, kann nun noch das Freilichtmuseum besuchen. Jedenfalls sollte man aber außerhalb des Geländes einen kurzen Abstecher zu Amphitheater und Heidentor machen. Das Tor ist heute das Wahrzeichen des römischen Österreich. Der Name entstand aus der Unkenntnis über die Erbauer, die jedenfalls keine Christen gewesen sein konnten und der fälschlichen Annahme, dass es sich aufgrund der Bögen um ein Tor handeln müsse. Wahrscheinlich war es aber ein Siegesmonument. Damals wie heute hat das Heidentor eine erhabene Ausstrahlung und ist ein würdiger Abschluss dieser intensiven Tagestour.

SEHENSWERTES

Schloss Hof
Prinz Eugens Residenz am Land
www.schlosshof.at

Gasthof Prinz Eugen
Mit Blick auf das Schloss
Schloßhof, Prinz Eugen Str. 1

Burg Theben/Hrad Devín
Unvergesslicher Ausblick
Devín, Muránská 1050/10

Abbruchmöglichkeit von Bratislava via Schiff
www.twincityliner.com

Forsthaus Stopfenreuth
Wiege der Hainburger Proteste sowie Fisch- und Heurigenrestaurant
Stopfenreuth, Uferstraße 1

Bad Deutsch-Altenburg
Römerstadt Carnuntum sowie Museum Carnuntinum
www.carnuntum.at

©Spiller

Hrad Devín

©Spiller

Grüne Wiesen im Sonnenschein

Schloss Hof
Marchfeldkanalradweg
Fahrradbrücke der Freiheit
Markthof
L4
Engelhart-stetten
Loimersdorf
Kopfstetten
L4
B49
Nationalpark Donauauen
Witzelsdorf
EV6
L8
Stopfenreuth
Hainburg
EV6
Bad Deutsch-Altenburg
Donau
Petronell-Carnuntum
Hundsheim
Wildungs-mauer
Scharndorf
B211
Hollern
Schönabrunn
Prellenkirchen
Deutsch Haslau
300m
200m
100m
180m
Pama
Devín
180m
Edelstal
Kittsee
Bad Deutsch-Altenburg
0km
20km
40km
60km
80km
©Printmaps.net

nska
á Ves
Lamač
Dúbravka
evín
Gronáre
Karlova Ves
EV13
Nové Mesto
Bratislava
Staré Mesto
Wolfsthal
B9
Stará
Petržalka
Petržalka
Donau
Berg
elstal
Schloss & Schokoladenfabrik
Kittsee
D2
A6
B50
Jarovce
Rusovce
Slowakei
Österreich
EV13
Pama/
Bijelo Selo
N

Mythen & Mönche

Durch das Helenental nach Heiligenkreuz

Diese geschichtsträchtige Tour führt von Mödling über Baden nach Mayerling und wieder retour nach Mödling, leichte Anstiege und angenehme lange Abfahrten wechseln einander ab. Start und Ziel befinden sich heute beim **Bahnhof Mödling**.

Gleich zu Beginn ist die Führung des Radwegs leicht verwirrend, es geht vom Bahnhof links den Mödlingbach querend gleich wieder rechts zur Weißes-Kreuz-Gasse, auf der wir bis zur Kärntner Gasse bleiben. Hier geht es dann links weiter und schließlich über die Brunecker Gasse, die Andreas-Hofer-Gasse und die Bertha-von-Suttner-Promenade bis zur Guntramsdorfer Straße. Wenn wir diese queren und uns kurz links orientieren, beginnt dann auf der rechten Seite der **Weingartenradweg.**

Dieser ist nun gut beschildert und wir durchfahren **Thallern**, **Gumpoldskirchen** und **Pfaffstätten**. Das Freigut Thallern ist formal als Dorf eingetragen, dabei handelt es sich aber eigentlich um eines der ältesten Weingüter Österreichs. Im 12. Jahrhundert von Markgraf Leopold dem IV. als Schenkung an den Zisterzienserorden übergeben, wird es seit 1141 durchgehend bewirtschaftet. Es wurde nach dem Vorbild des Weinguts »Clos de Vougeot« im französischen Burgund gebaut, das zum Mutterkloster von Heiligenkreuz gehört. Gumpoldskirchen ist einer der traditionellen Weinbauorte der Thermenregion. Zwei be-

ANREISE
2340 Mödling, Bahnhof

ÖFFENTLICH
Wien Meidling › Mödling
Dauer: 0:11-0:17;
S2, S3, S4, REX1, REX3; täglich

TOUR
56km (4½h) | R | ↑510hm | schwer
Mödling › Gumpoldskirchen › Baden › Heiligenkreuz › Hinterbrühl › Mödling
Ein Anstieg, Asphalt-/Wald-/Schotterwege

©Spiller
Erster Blick auf Heiligenkreuz

kannte Rebsorten, die hier gezogen werden, nämlich der Zierfandler und der Rotgipfler, wurden gerne auch synonym als Gumpoldskirchner bezeichnet. Sowohl hier als auch in Pfaffstätten gibt es zahlreiche Heurige. Wer jetzt also bereits eine Rast machen möchte, wird sicher fündig. Danach radelt es sich dann frisch gestärkt gleich leichter bis nach **Baden**.

Dort angekommen erreichen wir bald den Kurpark mit dem Casino. Es wurde in den Jahren 1884 bis 1886 als neues Kurhaus errichtet und ersetzte das alte Theresienbad. Erst 1934 wurde es notdürftig zu einem Casino adaptiert. Nach mehrfachen Umbauten in den 60er Jahren wurde es dann schließlich 1995 als größtes Casino Europas neu eröffnet.

Wir biegen vor dem Casino links in die Theresiengasse ein, um einen kleinen Spaziergang durch das Zentrum Badens zu unternehmen. Am Haupt-

La Gacilly – Fotofestival in Baden

platz fällt die für viele österreichische Städte typische barocke Pestsäule auf. Den Bau des Denkmals beschloss man wegen eines Gelübdes der Badner Bürger, aufgrund der überstandenen Pest im Jahr 1713. Ebenfalls am Hauptplatz liegt das Kaiserhaus, das 1813 im Auftrag Kaiser Franz I. angekauft und zur kaiserlichen Sommerresidenz umgebaut wurde. Rund 100 Jahre später wohnte hier dann auch der letzte österreichische Kaiser Karl I. mit seiner Familie. Er hatte das Oberkommando der Monarchie selbst übernommen und aus dem schlesischen Teschen nach Baden verlegt. Am Josefsplatz mit dem Arnulf-Rainer-Museum angekommen, schwingen wir uns auf den Sattel und radeln weiter in Richtung des **Helenentalradwegs**.

Dieser führt uns zwischen Juni und Oktober an einer beeindruckenden Ausstellung vorbei. Das Festival »La Gacilly« ist das größte Outdoor-Foto-Festival Europas und zeigt faszinierende großformatige Bilderwelten in einer Open-Air-Galerie von insgesamt sieben Kilometern Länge. Unser Weg führt an einem kleinen Ausschnitt vorbei zum Doblhoffpark. Hier kann, wer sehr viel Zeit und Lust hat, ein Ruderboot mieten oder nett am Teich sitzend ein spätes Frühstück einnehmen.

Nun geht es ins **Helenental**, wo wir direkt an der idyllischen Schwechat, ab und zu das Flussufer wechselnd, bis nach **Mayerling** entlangradeln. An heißen Tagen bietet die Schwechat auch an vielen Stellen die Möglichkeit

©Jine

Doblhoffpark Baden

©Spiller

Portal Stift Heiligenkreuz

sich kurz abzukühlen. Naturbelassene Schotterbänke laden hier zum Pritscheln ein. Mayerling bietet mehr als nur wunderschöne Landschaft, auch Geschichte gibt es zu erzählen. Wo heute die Kirche des Karmelklosters steht, gingen Kronprinz Rudolf und Mary Vetsera am 30. Jänner 1889 in den Tod. Zuerst wurde der Suizid noch verschleiert, war doch der Freitod eines Kronprinzen ungeheuerlich. Nach dem Tod seines Sohnes ließ Kaiser Franz Joseph I. das Jagdschloss umbauen und stiftete dort 1891 ein Karmeliterinnenkloster. Die Tragödie des gescheiterten Kronprinzen wird in Kombination mit dem Hype um die Kaiserin Sisi zu einem ganz besonderen Mythos, der zahlreiche Besuchende nach Mayerling führt.

Bevor wir **Heiligenkreuz** erreichen, gilt es nun eine recht knackige Bergwertung zu meistern. Die Landstraße geht steil bergauf, noch sportlicher ist jedoch die Mountainbikestrecke, die man aber nur mit geeignetem Rad wählen sollte. Oben angekommen können wir dann wieder durchschnaufen, bevor wir die Räder auf dem Parkplatz des Stifts Heiligenkreuz abstellen. Die Mönche des Stifts verkauften 2008 rund 1 Million CDs mit ihren Choralgesängen und waren dadurch medial omnipräsent, was zu einem Ansturm auf das Kloster führte. Inzwischen ist es wieder deutlich ruhiger geworden und man kann die imposanten Gebäude gut auf sich wirken lassen. Das Stift existiert ohne Unterbrechung seit dem Jahr 1133 und ist damit das weltweit zweitälteste durchgehend bestehende Zisterzienserkloster. Gut 50 Jahre wurde an den romanischen Teilen der Klosteranlage gebaut, nochmal so lang an den gotischen Bauelementen, die zum Teil die romanischen schon wieder ersetzten. Im Barock kamen dann die Sakristei und der Kirchturm dazu. Das Stift überstand sowohl die Türkenbelagerung 1683, als auch die Zeit des Nationalsozialismus, als geplant war, eine Autobahn quer über das Gebiet des Stifts zu bauen.

Bevor wir den Ort Heiligenkreuz verlassen, lohnt noch ein kurzer Abstecher zum örtlichen Friedhof. Im Gegensatz zum Kronprinzen wurde Mary Vetsera bereits zwei Tage nach ihrem Tod 1889 in einer Nacht-und-

Nebel-Aktion heimlich auf dem Ortsfriedhof von Heiligenkreuz beerdigt und erst später von ihrer Mutter in einen Prunksarg aus Kupfer in einer Gruft umgebettet.

Unser Weg zurück nach Mödling beginnt gegenüber dem Stift. Wir nehmen einen kleinen Weg bei der Feuerwehr und folgen dann ein Stück der Mountainbike-Strecke **Wienerwald-Achter**. Der Weg führt meist an einem Bach entlang, bis wir zwischen **Dornbach** und **Sittendorf** die Landstraße sehen. Über Sittendorf geht es auf der Gaadner Straße eben nach **Gaaden** und schließlich nach **Hinterbrühl**. Ab hier können wir uns am **Mödlingbach-Radweg** orientieren, welcher uns wieder retour nach **Mödling** bringen wird.

SEHENSWERTES

Café inklusive Bootsverleih
Baden, Doblhoffpark

Hofbackstube Gasser
Baden, Hauptplatz 17

Weingut und Heuriger Zierer
Gumpoldskirchen, Badenerstraße 36

Augustinerhütte im Wienerwald
Raisenmarkt, Augustinerhütte 34

Landgasthof Cholerakapelle
Baden, Helenental 40

Minigolfanlage am Ring
Baden, Kaiser Franz Ring 7

Arnulf-Rainer-Museum
Baden, Josefsplatz 5

Stift Heiligenkreuz
www.stift-heiligenkreuz.at

Bruder&Schwester
Liebevoll zubereitete Köstlichkeiten
Mödling, Hauptstraße 41

©Spiller

Letzte Ruhe

©Spiller

Kreuzigungskapelle Kalvarienberg

Badner Bahn
Ameisbühel
Dornbach
Naturpark Sparbach
Grub
Sittendorf
Sparbach
A21
Heiligenkreuz
Friedhof
Stift
Mayerling
Karmel Mayerling
Preinsfeld
B210
Siegenfeld
Schwechat-bach
Sattelbach
Rosental
Siedlung Krainerhütte
Sulzriegel
Helenentalradweg
Heiligenkreuz
420m
400m
Baden
300m
213m
200m
Mayerling
Sittendorf
213m
100m
0km
10km
20km
30km
40km
50km
©Printmaps.net

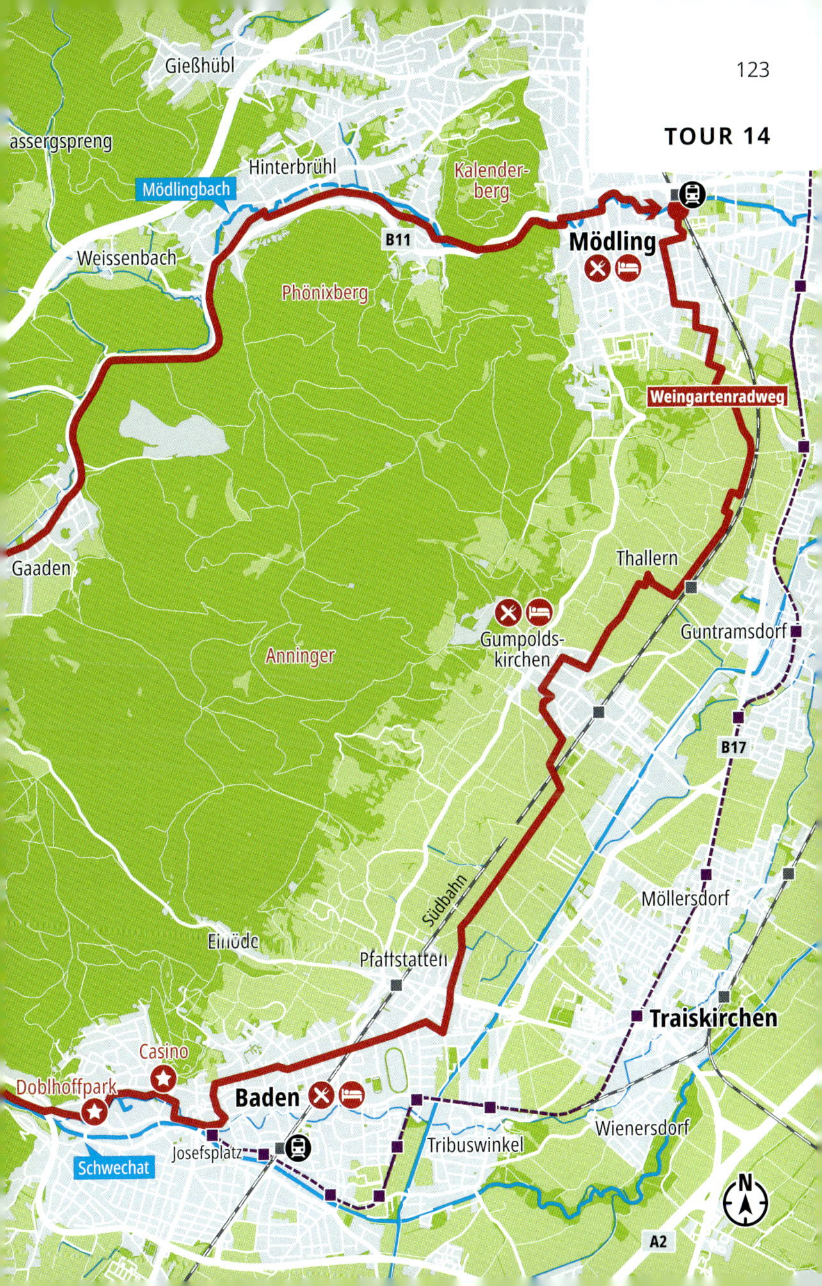
Gießhübl
assergspreng
Hinterbrühl
Kalender-berg
Mödlingbach
B11
Mödling
Weissenbach
Phönixberg
Weingartenradweg
Gaaden
Thallern
Gumpolds-kirchen
Guntramsdorf
Anninger
B17
Südbahn
Möllersdorf
Einöde
Pfaffstätten
Traiskirchen
Casino
Doblhoffpark
Baden
Wienersdorf
Josefsplatz
Tribuswinkel
Schwechat
N
A2

TOUR 15

Auf Sommerfrische

Prominente Gesellschaft in den Wiener Alpen

And down we go – Die heutige Tour beschert uns 330 Höhenmeter, die fast zur Gänze in die angenehme Richtung führen, nämlich bergab. Wem das zu entspannt ist, kann aber auch in die andere Richtung radeln. Auch bergauf ist die Tour gut machbar.

Wir starten am **Bahnhof Payerbach-Reichenau** und beschreiben somit die entspannte Fahrtrichtung. Auf der Bahnhofstraße geht es bergab bis zur nächsten Abzweigung, wo wir bereits auf die Schwarzatal-Radroute treffen, der wir später in Richtung Lanzenkirchen folgen werden. Davor machen wir jedoch noch einen kleinen Abstecher nach **Reichenau**. Dafür folgen wir rund 2km der Radroute, bis wir am Schloss Reichenau ankommen.

Das Schloss in Reichenau ist mindestens so alt wie der Ortsname selbst. Es wurde um das Jahr 1190 herum errichtet und etwa 60 Jahre später wird der Name Reichenau erstmals urkundlich erwähnt. Die Räumlichkeiten des Schlosses werden heute als Kulturzentrum und für Ausstellungen genutzt – der ehemalige Pferdestall wurde als Restaurant adaptiert.

ANREISE
2650 Payerbach, Bahnhof

ÖFFENTLICH
Wien Meidling › Payerbach-Reichenau
Dauer: 0:55-1:32;
REX1, REX3, REX9; täglich

TOUR
59km (4½h) | S | ↑110hm | einfach
Payerbach › Reichenau › Payerbach › Neunkirchen › Bad Erlach › Wr. Neustadt
Asphaltierte Radwege od. Nebenfahrbahnen

Nach einer kurzen Umschau und einem potentiellen Jausenkauf in der Bäckerei am Platz radeln wir über den Kurpark zurück nach **Payerbach**. Dazu queren wir die Schwarza und halten uns dann auf der Hauptstraße links, bis wir wieder zum Radweg gelangen. Hier ist der Verkehr leider ein bisschen mühsam, aber im Kurpark

©Spiller

Payerbacher Aussicht

kehrt dann auch schnell wieder Ruhe ein. Der Park wurde 1892 vom Landschaftsgärtner Franz Erban angelegt. Der künstliche Teil mit der »Lenau-Insel«, die schattigen verschlungenen Parkwege, aber vor allem der 1903 erbaute Pavillon haben den Park zu einem beliebten Treffpunkt der Reichenauer Sommergesellschaft gemacht. Anfang des 20. Jahrhunderts konnte man hier namhaften Künstlern, Literaten und Wissenschaftlern begegnen. So waren unter anderem Arthur Schnitzler, Gustav Mahler, Franz Werfel oder Oskar Kokoschka in Reichenau auf Sommerfrische.

Retour in Payerbach können wir uns nun lange Zeit an der **Schwarzatal-Radroute** orientieren. Über **Gloggnitz** gehts weiter nach **Ternitz** und schließlich auf den **Petersberg**. Dieser bietet neben einem Ausblick auch eine archäologische Grabungsstätte. Die Ruine Dunkelstein vermutete man schon länger an dieser Stelle, sie war

Wasserspiegel der Schwarza

aber bis zu Grabungen in den 1990er Jahren nicht sichtbar. Danach wurden sie zum größten Teil freigelegt und untersucht. Anstelle der Burg steht heute die deutlich auffälligere barocke St.-Peter-und-Paul-Kirche, westlich von ihr befindet sich ein kleines Plateau mit der Heiligengrabkapelle und dem Kalvarienberg.

Von hier geht es weiter nach **Neunkirchen**, wo sich der Hauptplatz für eine Pause anbietet. Wenn man wie wir etwas Glück hat, spielt gerade die Musik auf, weil auf dem Platz ein Fest stattfindet. Da wird die Pause dann gleich noch unterhaltsamer. Auch ohne Musik bietet der Platz einen schönen Blick auf die Stadtpfarrkirche Mariä Himmelfahrt. Für uns geht es nun weiter und über **Breitenau** erreichen wir **Schwarzau am Steinfeld** mit der nächsten imposanten aber relativ neuen Kirche. Neu oder nicht, für den eher kleinen Ort erscheint sie erstaunlich groß. Außerdem gibt es in Schwarzau auch noch ein Schloss, das im 19. Jahrhundert von der Familie Bourbon-Parma erworben wurde. Die Herzöge von Parma waren nach einer militärischen Niederlage nach Österreich geflohen und ließen sich dann hier nieder. In der Kapelle des örtlichen Schlosses fand daher auch die Hochzeit des später letzten habsburgischen Kaiserpaares, des Erzherzogs Karl Franz Josef mit Prinzessin Zita von Bourbon-Parma, statt. Fun Fact: Nachdem die Familie der Braut das Schloss in den frühen 1950er Jahren aus wirtschaftlichen Gründen an die Republik Österreich verkaufte, wurde dieses umgebaut und beherbergt nun seit 1957 das Frauengefängnis Schwarzau.

Ab Schwarzau wird die Beschilderung unseres Weges etwas unklarer, aber meistens können uns bereits am EV9 orientieren, der uns schließlich zu einem Fluss, der Pitten, führt. Bevor wir über den EV9 Wiener Neu-

©Spiller

Reichenauer Eleganz

stadt erreichen, geht es noch durch **Bad Erlach**, wo wir an einer bekannten Therme vorbeiradeln.

Ab **Lanzenkirchen** begleitet uns die Leitha, was gerade bei höheren Temperaturen sehr angenehm ist und wir verlassen schließlich den EV9 kurz vor **Wiener Neustadt**, beim **Akademiepark**. Dieser beherbergt heute eine Militärakademie, ist aber gleichzeitig auch Naherholungsgebiet Wiener Neustadts. Friedrich III. erwarb das unmittelbar an die Burg angrenzende Land, ließ es teilweise trockenlegen und einen Tiergarten errichten, in welchem Reiher, Fasane und Damwild gehegt wurden. Hierbei handelte es sich um importierte und durchaus exotische Tiere, die man dann auch gerne jagte. Damit die Tiere sich nicht einfach davonmachen, ließ Friedrich auch die fast 6 Kilometer lange, den Tiergarten einschließende Steinmauer errichten. Um 1800 wurde der Tiergarten von Graf Kinsky in einen gro-

Those were the days

ßen Park umgestaltet und der Öffentlichkeit zugänglich gemacht.

Im Park können wir den Wegweisern zum Bahnhof folgen. Auf dem Weg dorthin gelangen wir durch den Stadtpark noch zu Teilen der alten Stadtmauer, die uns daran erinnern, dass Wiener Neustadt vor rund 900 Jahren als befestigte Stadt errichtet wurde und als Sicherung der beiden Herzogtümer Österreich und Steiermark gegen das ungarische Königreich gedacht war. Durch den Erhalt des Lösegelds für den englischen König Richard Löwenherz war dann ausreichend Kapital zum Bau der »Neustadt« vorhanden. Der Zusatz »Wiener« erfolgte nämlich erst einige hundert Jahre später.

Deutlich früher war Neustadt aufgrund der Spaltung der beiden Habsburger Familienzweige zwischenzeitlich neben Graz Hauptresidenz des Kaisers Friedrich III. Dessen Sohn Maximilian I., der sogenannte »Letzte Ritter«, wurde in Wiener Neustadt geboren, verbrachte hier seine Jugend und wurde schließlich auf seinen eigenen Wunsch hin beigesetzt.

SEHENSWERTES

Schloss Wartholz
Alte Kaiservilla mit Café-Restaurant
Reichenau a.d. Rax, Hauptstr. 113

Looshaus am Kreuzberg
Hotel-Restaurant mit einmaligem Ambiente
Payerbach, Kreuzberg 60

Naturbad Gloggnitz
Naturnaher Badespaß für Groß & Klein
Gloggnitz, Semmeringstraße 3

Ristorante-Bar Bevanda
Gloggnitz, Hauptstraße 11

Stadtkind
Süße oder salzige Jause
www.stadtkind.bar

Himmelblau Beach Club
Beach-Flair in Wiener Neustadt
Wiener Neustadt, Achtersee

Altes Backhaus
Kulinarischer Abschluss in Wr. Neustadt
Wiener Neustadt, Bahngasse 1

Blaue Schwarza

Grünbach/
Schneeberg
Puchberg/
Schneeberg
Sieding
St. Johann
Bürg
Ternitz
Prigglitz
Pottschach
Bl
Buchbach
Wimpass
Payerbach
Reichenau
Schwarzatal RR
Schwarza
Putzmannsdorf
Stuppach
Grafenbach
Küb
Schmidsdorf
Gloggnitz
B17
Eichberg
S6
Penk
Aue
Schottwien
N

Muthmannsdorf
Bad Fischau
Brunn
Wiener Neustadt
Winzendorf
Weikersdorf
Akademie-
park
Saubersdorf
Sägewerk-
siedlung
EV9
St. Egyden/
Steinfeld
B54
B17
A2
Leitha
Klein Wolkersdorf
Lanzenkirchen
Kehrbach
Haderswörth
Breitenau
Schwarzau
Bad Erlach
Neun-
kirchen
Peisching
Brunn/
Pitten
EV9
Pitten
Loipersbach
Schwarza
Pitten
Ziegelofen
Natschbach
Sautern
S6
Seebenstein
Ramplach
Leiding
485m
500m
400m
300m
200m
Gloggnitz
Neunkirchen
Bad Erlach
265m
0km
10km
20km
30km
40km
50km
©Printmaps.net

WORLD OF STYX
Erleben.
Spüren.
Genießen.
NIEDERÖSTERREICHS TOP AUSFLUGSZIELE
Betriebsführungen
Vorführungen
Shop
Fabriksverkauf
Naturkosmetik
BIO-Schokolade
& mehr!
Führungen von April bis Oktober. Gruppen ganzjährig!
STYX WELCOME CENTER
Ritzersdorfer Straße 11
3200 Ober-Grafendorf
Direkt an der Mariazellerbahn!
Aktuelle Infos und Kontakt: www.betriebsführung.at
Tel. +43 (0) 2747 - 32 50 - 39 // www.styx.at

TOUR 16

Reiner Tisch

Durch drei Täler mit Margaret und Daisy

Diese idyllische, aber auch durchaus anspruchsvolle Tour führt lange auf ebenen Passagen durch das Traisen, das Gölsen- und schließlich das Triestingtal. Auch muss man zwischendrin einmal hoch hinaus und hinauf zur Araburg. Man kann die Tour jedoch in Etappen einteilen oder einfach mit dem Zug abkürzen, wenn die Beine zu müde werden.

ANREISE
3100 St. Pölten, Hauptbahnhof

ÖFFENTLICH
Wien Westbf. › St. Pölten Hbf.
Dauer: 0:36; CJX5; fährt täglich

TOUR
94km (6½h) | S | ↑770hm | schwer
St. Pölten › Wilhelmsburg › St. Veit an der Gölsen › Ramsau › Araburg › Kaumberg › Berndorf › Bad Vöslau
Ein steiler Anstieg, großteils Asphaltwege

Abfahrt am **Bahnhof St. Pölten**: Wir halten uns beim Hauptausgang vor der Fußgängerzone links und fahren Richtung Traisentalradweg, am Sparkassenpark vorbei bis zur Traisen hinunter. Wir biegen rechtzeitig rechts ab und folgen dem Radweg 4 (Traisentalradweg) flussaufwärts.

Nach etwa 10km sehen wir auf der anderen Uferseite Schloss Ochsenburg. Vor gut 1.000 Jahren er- und im 16. Jahrhundert zu einem Renaissanceschloss umgebaut, diente es den St. Pöltener Bischöfen bis 1991 als Sommersitz. Bereits im Sommer 1821 komponierte der berühmteste Gast des Schlosses – Franz Schubert – hier auch eine Oper, die jedoch erst nach seinem Tod uraufgeführt wurde. Ab 2010 konnte das Schloss saniert werden und die Chorherren des Stifts St. Pölten versuchten das Schloss zu verkaufen, was bisher aber wohl nicht gelungen ist.

Für uns geht es weiter in Richtung **Wilhelmsburg**. Um in den Ort zu gelangen, biegt man vom Radweg bei

©Spiller
Die Ochsenburg

der Kreisbacher Straße rechts ein und fährt immer geradeaus bzw. am Straßenende rechts weiter. In der Färbergasse 11 befindet sich eine ehemalige Fabrik zur Produktion von Steingut und später auch Porzellan. Über 30 Jahre lang wurde hier das bekannte und heute auf Flohmärkten heißbegehrte Lilienporzellan mit dem Namen »Daisy« produziert. Zehn Jahre nach Produktionsende eröffnete dann 2007 ein Geschirrmuseum, welches in die Zeit der 1960er zurückversetzt und das Teil der Erlebniswelt *Daisyworld.at* ist. Wer hofft, im Museumsshop ein paar alte Teller zur Auffrischung der heimischen Bestände erstehen zu können, wird enttäuscht sein. Hier ist lediglich eine Neuauflage des Klassikers erhältlich.

Aber Porzellan in Radtaschen wäre sowieso ein riskantes Unterfangen und so gehts für uns ohne Kaffeehäferl und -kannen weiter bis nach **Altenburg**, wo wir kurz nach dem

Idyllische Traisen

Ortsausgang bei einer Eisenbahnbrücke auf den Radweg **42** (Gölsental-Radweg) einbiegen. Angenehmerweise radeln wir hier flach weiter und über St. Veit an der Gölsen erreichen wir **Hainfeld**. In der traditionellen Brauereistadt hat ein inzwischen verstorbener privater Sammler vor rund 15 Jahren ein Bierkrugmuseum eröffnet. Die 350 Sammlerstücke sind Samstag nachmittags zu besichtigen. Na dann Prost.

Wir radeln weiter den gut beschilderten **42**er entlang, stellen jedoch fest, dass es auf dem Weg nach **Ramsau** ab und zu schon ein paar Steigungen zu bewältigen gibt. Diese sind aber nur ein Vorgeschmack auf den durchaus intensiven Anstieg zur Araburg, wo wir an eine wunderschöne Weide mit einer Kapelle gelangen, die sich für einen idealen Zwischenstopp eignet, bevor wir uns auf dem letzten Stück nochmal richtig verausgaben.

Wer es nun zum höchsten Punkt des Gölsentalradwegs geschafft hat, sollte sich einen Abstecher zur **Araburg** gönnen. Die Route ist gut angeschrieben und nach rund 1km und etwa 80 zusätzlichen Höhenmetern erreicht man die höchstgelegene Burg Niederösterreichs (799m ü.A.). Die Quellenlage ist allerdings widersprüchlich. Neben einer Rast im Burgstüberl oder auf der Sonnenterrasse bietet sich ein Besuch des Freilichtmuseums mit Erlebnisstationen (Szenarium Araburg) an. Die obligatorische Umschau vom Burgturm wollen wir jedenfalls unbedingt mitnehmen.

©Spiller

Schattige Rast

©Spiller

Gut beschildert

Nach dieser schönen Rast geht es dann wunderbar lange bergab, bis wir in **Kaumberg** einrollen. Im Zuge der Bergabstrecke ändert der Radweg seinen Namen und wird vom Gölsentalradweg zum **Triestingtalradweg**, die Nummer bleibt jedoch bei **42**. Kaumberg folgen **Altenmarkt** und **Weissenbach** an der Triesting. Hier gibt es die erste Möglichkeit, auf die Bahn umzusteigen.

Für uns geht es noch weiter nach **Pottenstein**. Der Ort trägt sein ältestes und bekanntestes Gebäude im Wappen – den Doppelkarner. Als Karner bezeichnet man ein Beinhaus, in dem gesäuberte Knochen endgelagert wurden, um auf dem Friedhof Platz zu schaffen.

Die doppelte Ausführung aus dem 12. Jahrhundert scheint eine einmalige architektonische Besonderheit darzustellen und ist wahrscheinlich der Tatsache geschuldet, dass der Friedhof der Kirche sehr klein war. Auch die zweite Sehenswürdigkeit Pottensteins ist eine morbide: 1836 verstarb Ferdinand Raimund im Gasthof »Zum Goldenen Hirschen«. Den Gasthof gibt es zwar nicht mehr, aber das Schild mit einem Hirsch hängt noch am Hauptplatz 6.

Wer das Sterbehaus auslässt, folgt direkt dem Radweg nach **Berndorf**. Nachdem wir bisher unseren Schwerpunkt in der Porzellanproduktion hatten, kommt nun das bekannte Besteck dazu, das in der Berndorfer Metallwarenfabrik produziert wurde. Der enorme Aufschwung der Firma der Familie Krupp (daher Kruppstadt Berndorf) zeigt sich in ganzen Stadtteilen, die für die Arbeiterinnen und Arbeiter errichtet wurden, vor allem aber in den Gebäuden rund um den Margaretenplatz. Besonders auffällig ist natürlich die Kirche, die nach Arthur Krupps Frau Margret (und der heiligen Margareta) benannt wurde. Neben der eindrucksvollen Kirche befinden sich hier unter anderem zwei Schulen, deren Klassenzimmer in zwölf verschiedenen historischen Stilrichtungen eingerichtet wurden, um den Schülerinnen und Schülern bereits einen Einblick in die Geschichte und Unterschiedlichkeit der Welt zu geben. Den Margaretenplatz erreicht man, indem man vor der Fußgängerzone beim Hermannsplatz rechts abbiegt und dann links in die Brunntalstraße bzw. bergan in die Giebelgasse fährt. Von hier ist die Margaretenkirche nicht mehr zu übersehen.

Auf dem Triestingtalradweg geht es nun entweder bis nach **Leobersdorf** zum Bahnhof oder alternativ noch auf einen letzten Anstieg nach Bad Vöslau. Um in das bekannte Thermalbad zu gelangen, verlassen wir den Triestingtalradweg in **St.Veit**. Nach einem Tennisplatz führt uns die Bahngasse zur Hauptstraße, wo wir uns rechts halten, um dann geradeaus weiter bergan der Großauer Straße zu folgen.

Nach einer letzten Kuppe rollen wir nun bergab nach **Großau**, **Gainfarn** und schließlich **Bad Vöslau**.

SEHENSWERTES

Wilhelmsburger Hoflieferanten
Wilhelmsburg, Pömmern 4

Daisyworld.at
Lilienporzellan und mehr
Wilhelmsburg, Färbergasse 11

Araburg: Die höchstgelegene Burgruine Niederösterreichs
www.araburg.com

Landgasthof zum schwarzen Adler
Niederösterreichische Wirtshauskultur
Altenmarkt an der Triesting, Hauptstraße 6

krupp Stadt museum
Leben und Wirken der Familie Krupp
Berndorf, Bahnhofstraße 4

Weingut Herzog
Ausg'steckt beim Brunnengassenheurigen
Bad Vöslau, Brunngasse 43

Hawlik's Schlemmereck
Regionale & saisonale Speisekreationen
Bad Vöslau, Hauptstraße 1

©Spiller
Wasserballett

©Spiller
Gölsentalradweg

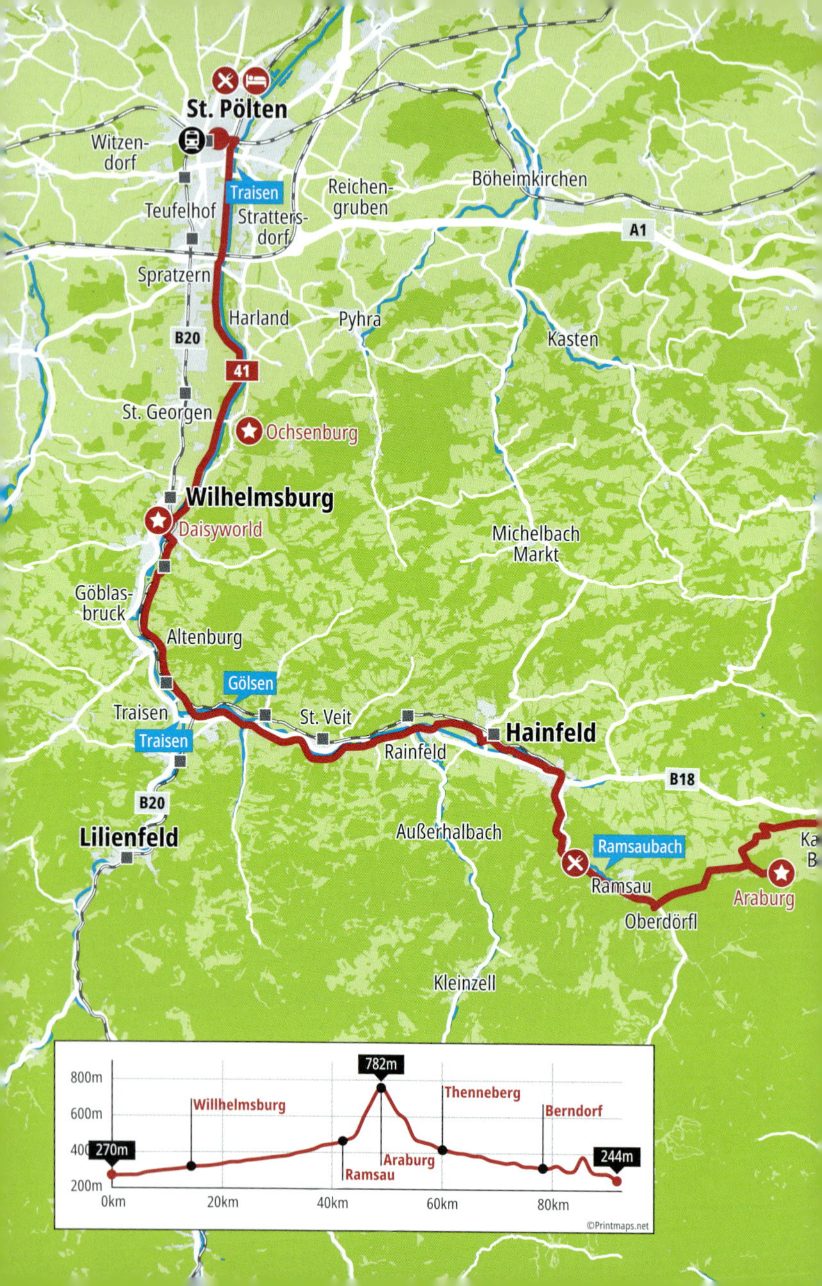
St. Pölten
Witzen-
dorf
Traisen
Teufelhof
Stratters-
dorf
Reichen-
gruben
Böheimkirchen
A1
Spratzern
Harland
Pyhra
Kasten
B20
41
St. Georgen
Ochsenburg
Wilhelmsburg
Daisyworld
Michelbach
Markt
Göblas-
bruck
Altenburg
Gölsen
Traisen
St. Veit
Hainfeld
Traisen
Rainfeld
B18
B20
Lilienfeld
Außerhalbach
Ramsaubach
Ramsau
Araburg
Oberdörfl
Kleinzell
800m
600m
400m
200m
270m
Willhelmsburg
782m
Ramsau
Araburg
Thenneberg
Berndorf
244m
0km
20km
40km
60km
80km
©Printmaps.net

A1
Pressbaum
Hochstraß
Breitenfurt Ost
Sulz
A23
Weissenbach
Alland
Heiligen-
kreuz
Gaaden
Maria
Raisenmarkt
Triesting
Altenmarkt
Thenneberg
41
Baden
Neuhaus
Sooß
Weissen-
bach
Furth
Bad Vöslau
Pottenstein
Großau
Triesting
Kottingbrunn
Berndorf
St. Veit
krupp Stadt Museum
Hirtenberg
Grillenberg
N

TOUR 17

Dirndltal

Mit dem Rad zwischen Pielach und Traisen

Diese Tour verläuft größtenteils recht gemütlich an der Pielach und zum Ende hin an der Traisen entlang. Lediglich beim Übergang vom Pielach- ins Traisental sind ein paar Höhenmeter zu bewältigen, die sich jedoch bei Sonnenschein als durchaus schweißtreibend erweisen können. Wer nach dem Pielachtal schon genug hat, setzt sich einfach in die Mariazellerbahn und fährt mit der Schmalspurbahn retour nach St. Pölten. Ein wenig Glück braucht man allerdings, um einen Fahrradstellplatz zu ergattern.

ANREISE
3100 St. Pölten, Hauptbahnhof

ÖFFENTLICH
🚆 Wien Westbf. › St. Pölten Hbf.
Dauer: 0:36; CJX5; fährt täglich

TOUR
77km (6h) | R | ↑470hm | mittel
St. Pölten › Ebersdorf › Rabenstein › Kirchberg › Mainburg › Altenburg › Wilhelmsburg › St. Pölten
Ein längerer Anstieg, meist Asphaltwege

Los geht es am **Bahnhof** der Landeshauptstadt. Wir verlassen das Gebäude durch den Haupteingang und halten uns rechts, wo wir dann gleich der Radspur der Julius-Raab-Promenade folgen. Nach Querung des Schulrings gehts der Josefstraße und der Grillparzerstraße entlang, bis wir die Bahngleise queren. Am Ende der Werkstättenstraße sehen wir erstmals den Wegweiser der **Römer-Radroute**, die wir nun eine ganze Weile befahren. Sie führt uns durch **Nadelbach**, **Pummersdorf** und **Völlerndorf**. Hier queren wir erstmals die Pielach und man muss ein bisschen aufpassen, um nicht im Schwung den Wechsel auf den **Pielachtalradweg** zu verpassen. Es geht links am Ufer der Pielach entlang und von nun an leiten uns zahlreiche Schilder bis zum **Ebersdorfer Badesee**. Während der Römerzeit trug die Pielach den wohl aus dem keltischen abgeleiteten Namen Namaris. Dann wird die Pielach als Bie-

©Spiller

Dirndln im Dirndltal

laha erstmals in einer Schenkung Karls des Großen an das Kloster Niederaltaich im Jahr 811 erwähnt. Bielaha ist ein Wortmix aus dem altslawischen bela für die Weiße und dem bayerischen aha für Ache. Die landwirtschaftliche Nutzung hat zur heutigen, für das Mostviertel so typischen Kulturlandschaft beigetragen: weite Flächen, Streuobstbäume, kleinere Waldabschnitte und die Dirndln (auch Kornelkirsche genannt). Wegen der großen und in Österreich ungewöhnlichen Verbreitung dieser Bäume ist das Pielachtal auch als Dirndltal bekannt. Die Nutzung der Dirndln hat hier jahrhundertelange Tradition, wobei sie früher oft als Begrenzung von Grundstücken gesetzt wurden, heute jedoch meist der Schnapserzeugung dienen.

Bei **Ober-Grafendorf** gibt es auf der Höhe des Luegerparks die Möglichkeit, die Pielach nach Fridau zu überqueren, um einen Blick auf das gleich-

Kirchberg an der Pielach

namige Schloss zu werfen. Fridau ist eines der bedeutendsten spätbarocken Schlösser Niederösterreichs. Es liegt in einem weitläufigen englischen Park mit altem Baumbestand. Eine lange Allee führt zu einem offenen Ehrenhof, der vom Hauptgebäude und von zwei Seitenflügeln eingefasst ist. Das Schloss befindet sich in Privatbesitz und ist leider nicht für öffentliche Besichtigungen zugänglich.

Lauschig geht es dann weiter den Fluss entlang. Bei **Weinburg** kommen wir an einem Motorikpark vorbei, dieser lädt zu etwas Bewegung abseits des Sattels ein. Von hier geht es dann weiter nach **Mainburg** und **Rabenstein**, wo sich auch ein beliebtes Flussbad befindet. Wer wie wir zu wenige Getränke im Rucksack hat, kann seinen Proviant in **Rabenstein** auffüllen.

Der letzte Stopp am Pielachtalradweg ist dann **Kirchberg an der Pielach**. Der Radweg führt uns am Freibad vorbei ins Zentrum, erfreulicherweise direkt zu einem ausgezeichneten Eis-Café. Nach einer kurzen Pause empfiehlt es sich, eine Runde durch den Ort zu fahren. Idyllisch gelegen und mit einer kleinen Ruheoase ausgestattet liegt das Schloss mitten im Ort.

1299 erstmals erwähnt und in der Regentschaft von Maria Theresia 1753 im Stil des Rokoko neu errichtet, besitzt es einen kleinen Hof mit toskanischen Säulengängen und einen runden Erkerturm. Im Anschluss lohnt es sich, die Fahrräder kurz abzustellen

©Spiller

Schloss Fridau

©Spiller

Schlosspark Kirchberg

und die zehn Minuten zu Fuß bergauf zur Kirche zu spazieren.

Hier fällt gleich der 2014 errichtete Skywalk auf, eine 34m über dem Ort liegende Aussichtsplattform, die einen schönen Ausblick über Kirchberg und das Pielachtal bietet. Wie so oft bei entsprechenden Neubauten gab es hier im Rahmen des Baus nicht nur positive Stimmen zum Projekt und es formierte sich eine Art Bürgerinitiative gegen die Errichtung. Wer sich gegen eine Rückfahrt mit dem Zug entschieden hat, fährt nun zurück zum bekannten Radweg. Hier geht es nun ein Stück auf gleicher Route retour, zuerst nach **Rabenstein** und dann bis zur Bahnstation **Mainburg**, wo wir uns vom altbekannten Weg trennen. Dieser führt nach der Bahnunterführung links weiter, während wir uns geradeaus zur Mariazeller Straße orientieren. Bald biegen wir dann rechts auf die wenig befahrene Landstraße Richtung Plambach ab. Lauschig geht

Auf 4 Rädern

es den Fluss entlang, bevor das letzte Stück zur Meiselhöhe auf 521m ein wenig steiler wird. Der größte Vorteil am Bergauffahren ist ja, dass es danach wieder bergab geht. So auch hier, und zwar besonders angenehm mit bestmöglichem Gefälle und guter Sicht. Über **Steubach** und **Rotheau** erreichen wir den zweiten Fluss dieser Tagestour, die Traisen.

Die Traisen ist ca. 80km lang und ihr Name geht auf das keltische Wort tragisamā zurück, was so viel bedeutet wie »die sehr Schnelle«. Sie mündet nach dem Kraftwerk Altenwörth in die Donau, wobei ihre Mündung im Zuge der Errichtung des Donaukraftwerks um acht Kilometer nach Osten verlegt und stark begradigt wurde. Zwischen 2013 und 2019 wandelte man einen 12,5km langen Abschnitt wieder in einen mäandrierenden Fluss mit natürlicher Bewachsung um und schuf so einen neuen Auwald.

So weit fahren wir allerdings nicht, denn für uns stellt der **Bahnhof St. Pölten** nach einer gemütlichen Rückfahrt den Schlusspunkt der heutigen Tour dar.

SEHENSWERTES

World of STYX: Naturkosmetik erleben, Bio-Schokolade kosten,...
Ober-Grafendorf, Ritzersdorfer Straße 11

Schloss Fridau: Historische Rarität, allerdings nur von außen besichtigbar
Ober-Grafendorf, Schloss Fridau

Dirndltal Speis: Selbstbedienungsladen mit Produkten aus der Region
Ober-Grafendorf, Dirndlweg 7

Restaurant Strohmaier
Wo wir uns finden unter Linden
Hofstetten, Hauptplatz 4

Flussbad an der Pielach
Das geht in Rabenstein!

Café Bachinger
Ausgezeichnetes hausgemachtes Eis
Kirchberg, St. Pöltner Straße 10

Gasthaus Kalteis: Regionale & frische Produkte global gekocht
Kirchberg, Melkerstraße 10

©Spiller

Skywalk

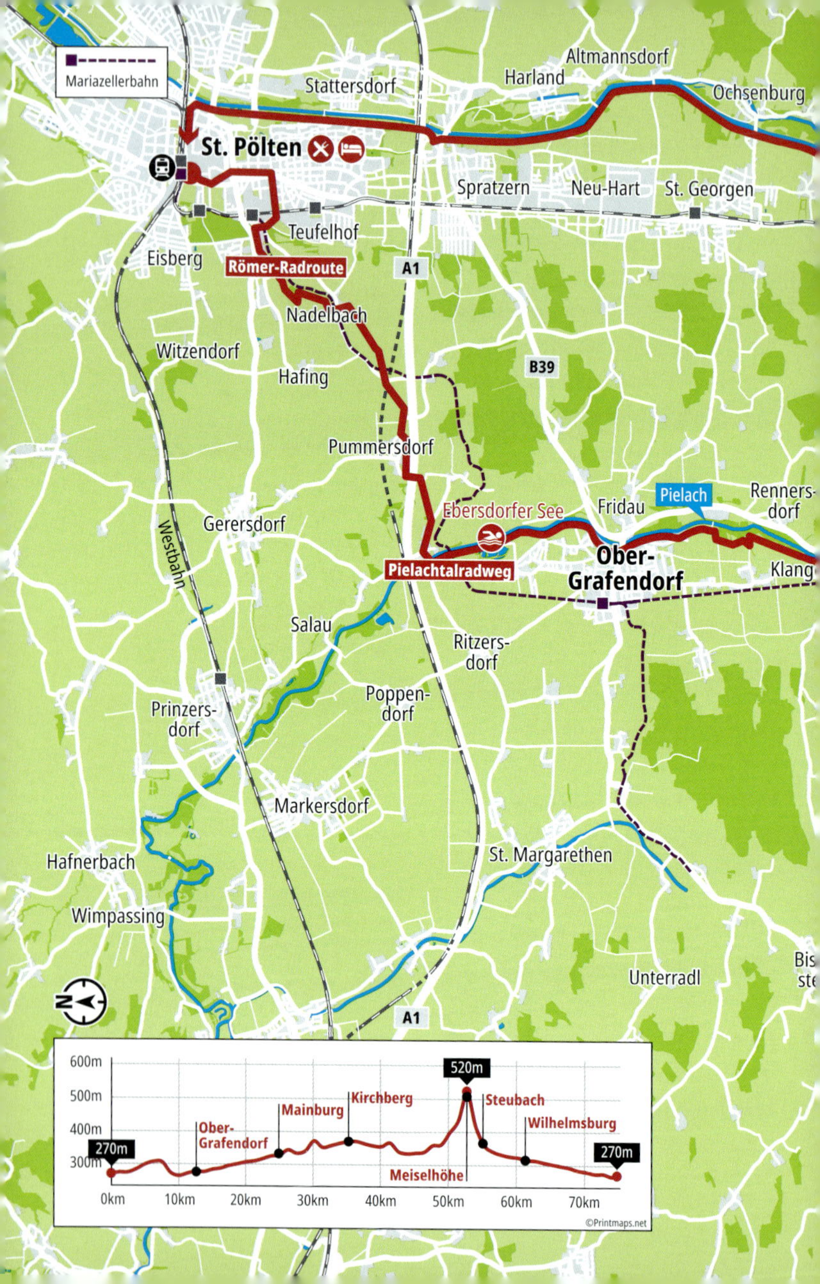
Mariazellerbahn
Altmannsdorf
Harland
Stattersdorf
Ochsenburg
St. Pölten
Spratzern
Neu-Hart
St. Georgen
Teufelhof
Eisberg
Römer-Radroute
A1
Nadelbach
Witzendorf
Hafing
B39
Pummersdorf
Ebersdorfer See
Fridau
Pielach
Renners-
dorf
Gerersdorf
Westbahn
Pielachtalradweg
Ober-
Grafendorf
Klang
Salau
Ritzers-
dorf
Poppen-
dorf
Prinzers-
dorf
Markersdorf
St. Margarethen
Hafnerbach
Wimpassing
Unterradl
A1
600m
500m
400m
300m
270m
Ober-
Grafendorf
Mainburg
Kirchberg
520m
Steubach
Wilhelmsburg
Meiselhöhe
270m
0km
10km
20km
30km
40km
50km
60km
70km
©Printmaps.net

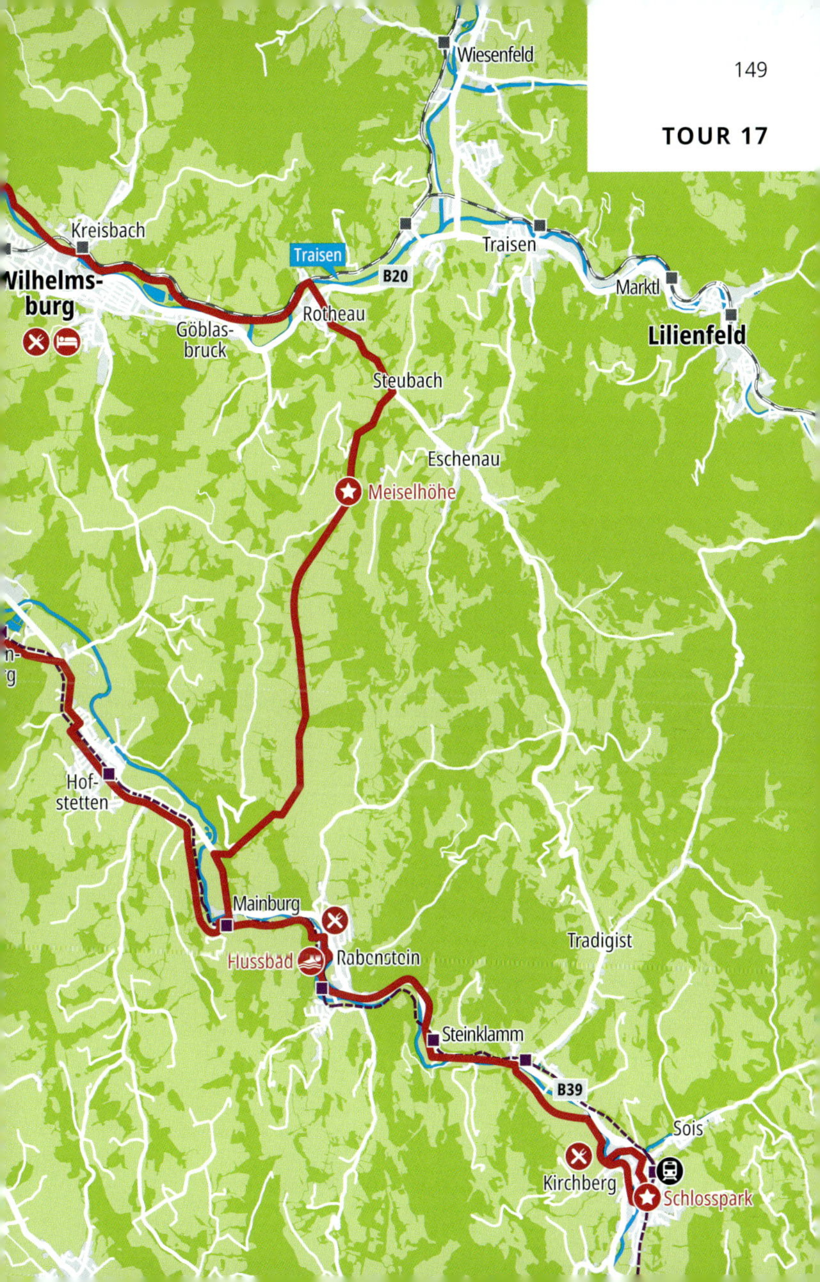
Wiesenfeld
Kreisbach
Wilhelms-
burg
Traisen
B20
Traisen
Marktl
Lilienfeld
Göblas-
bruck
Rotheau
Steubach
Eschenau
Meiselhöhe
Hof-
stetten
Mainburg
Flussbad
Rabenstein
Tradigist
Steinklamm
B39
Sois
Kirchberg
Schlosspark

TOUR 18

Martyrium

Eine Wallfahrt für die Wadln

Wenn man nach der heutigen Tour Mariazell erreicht, kann einem durchaus ein erleichtertes »Halleluja« auskommen, denn diese Tagesfahrt ist in vielerlei Hinsicht ausgesprochen »knackig«. Für einen munteren und stressfreien Radeltag empfiehlt es sich, zeitig aufzubrechen. Alternativ kann man sich auch für nur eine Teiletappe entscheiden, denn bis Gutenstein gibt es die Möglichkeit, bequem mit dem Zug retour zu fahren.

Startpunkt ist der **Bahnhof Wiener Neustadt** (mehr siehe Tour 15). Es empfiehlt sich, auf der Westseite zu starten und dann den Gleisen ein Stück nach Norden zu folgen. Sobald wir die Warme Fischa erreichen, folgen wir dieser nach links, bis zum Zehnergürtel. Hier halten wir uns erneut links, bis wir nach dem Einkaufszentrum rechts in die Dreipappelstraße einbiegen. Bis **Bad Fischau** geht es nun denkbar einfach die ganze Zeit geradeaus. Das Highlight Bad Fischaus ist natürlich das historische Thermalbad. Hier kann man sich vom nostalgischen Flair der Schwimmbad-Architektur verzaubern lassen. Während der Belle Époque verbrachten der

ANREISE
2700 Wiener Neustadt, Hauptbahnhof

ÖFFENTLICH
Wien Meidling › Wr. Neustadt Hbf.
Dauer: 0:26-0:44; REX; täglich

TOUR
108km (8h) | S | ↑1500hm | schwer
Wr. Neustadt › Bad Fischau › Pernitz › Gutenstein › Rohr/Gebirge › Kalte Kuchl › St. Aegyd › Kernhof › Mariazell
Einige steile Abschnitte, meist Asphaltwege

Adel und bald auch das aufstrebende Bürgertum die Sommerfrische gerne hier und drehten im Herren- oder Damenbad züchtig ihre Runden. Bis 1992 gehörte das Bad übrigens der Familie Habsburg, was auch ganz gut zum Flair der Anlage passt. Rund um das Thermalbad laden schöne Innenhöfe mit stimmungsvollen Lokalen

©Spiller

Thermalbad in Bad Fischau

und Geschäften zu einem kleinen Bummel ein. Mit unseren frisch erworbenen Topfengolatschen geht es nun weiter Richtung Ortsmitte und über die Wiener Straße sowie den Leberweg erreichen wir bald den **Hohe-Wand-Radweg**. Hier erwartet uns dann auf dem Weg nach **Wöllersdorf** bald die erste kleinere Steigung des heutigen Tages. In Wöllersdorf angekommen queren wir die Bahngleise, biegen rechts in die Untere Bahnhofstraße ein, fahren diese bergab zur Tirolerbachstraße und treffen dann auf den **Piestingtalradweg**, dem wir nun folgen. Gut beschildert führt uns der Weg durch Markt Piesting, Ober-Piesting, Wopfing, Peisching, Waldegg, Reichental, Pernitz und **Gutenstein**. Wer sich hier entschließt, mit dem Zug zurückzufahren, sollte sich unbedingt die Wallfahrtskirche bzw. das Stift ansehen. Wie bei jeder Wallfahrtskirche gibt es auch hier eine Gründungslegende. Der Marktrichter träumte, dass ihm die Jungfrau Maria

Die Piesting

den Auftrag gegeben hatte, ein Bildnis von ihr anzufertigen. Weil man Erscheinungen im Traum nichts abschlagen kann, ging er also nach Mariazell, besorgte ein Bildnis, hängte es an eine Buche und wie nicht anders zu erwarten, kam es zu diversen Wunderheilungen. Die Geschichte des wundertätigen Bildnisses verbreitete sich im Land und eine Wallfahrtsstätte war geboren. Für Freunde des Werks von Ferdinand Raimund kann Gutenstein auch als Wallfahrtsstätte der besonderen Art bezeichnet werden, denn neben seinem Grab kann man hier auch im Rahmen der jährlichen Raimundspiele seine Stücke besuchen.

Von Gutenstein geht es weiter nach **Rohr im Gebirge**, das seinem Namen alle Ehre macht, denn hier steht uns die erste richtig steile Passage bevor. Mit deutlich erhöhtem Puls geht es dann umso ambitionierter weiter auf der Bundesstraße Richtung **Kalte Kuchl**. Hier empfiehlt es sich kurz vorm Gasthaus Forellenhof, zuerst über einen Fahrweg, dann Schotterweg, abzukürzen.

Rund um die Kalte Kuchl ist an sonnigen Wochenendtagen mit sehr viel Motorradverkehr zu rechnen. Das sollte man bei der Planung bedenken. Ab diesem traditionsreichen Alpengasthof – hier gibt es seit 500 Jahren ein Wirtshaus – treten wir hinauf bis zum Ochsensattel kräftig in die Pedale. Ein schönes Konditionstraining, bis es dann wieder bergab geht und wir bis zur Traisen immer auf der Gutensteiner Straße bleiben. Dort neh-

©Spiller

Ein Hochstand im Kornfeld

©Spiller

Der ehemalige Bahnhof

men wir links den **Radweg Richtung Mariazell**. Auf dem weiteren Weg durch **St. Aegyd am Neuwalde** und **Kernhof** gehts dann erst einmal nur mehr moderat bergauf. Kernhof ist aufgrund der eher skurrileren Sehenswürdigkeiten des Mariazeller Landes, wie zB das Kameltheater, welches schon vor vielen Jahren hier entstanden ist, in der Gegend durchaus bekannt. In der Aufführung spielen Kamele die Hauptrolle und bekommen die Stimmen Prominenter »geliehen«. Basierend auf dem Erfolg des Theaters wurde ein Tierpark aufgebaut, der sich erst eher der Tierwelt in den Gebirgen der Welt und dann weißen Tieren widmete. So sind hier auch die einzigen weißen Tiger Österreichs zu sehen. Wir lassen die Kamele jedoch aus, da wir ja noch ein gutes Stück vor uns haben. Zwischen **Ahornhof** bis **Gscheid** ist nochmal Sportgeist gefordert, denn mit 80km in den Beinen sind steile Anstiege schon eher herausfordernd.

Am Hubertussee

Wir schaffen aber auch diese Bergwertung ohne abzusteigen und lassen uns auf einer ausgedehnten Abfahrt ordentlich den Wind um die Nase wehen. Vor lauter Euphorie bitte aber nicht den Linksabzweig bei **Ulreichsberg** verpassen! Nach Ulreichsberg lädt die *Wuchtlwirtin* zur Erholung und auf eine herzhafte Jause ein. Eine Alternative für Selbstversorgende ist gleich danach der Hubertussee, der sich auch für eine schöne Rast mit Aussicht anbietet. Nach diesem erholsamen Stück erwartet uns dann wieder die Gutensteiner Straße mit dem letzten Anstieg nach **Mariazell**. Hier kann es sein, dass man den einen oder die andere Pilger:in am Wegesrand überholt. Ein vielleicht ungewöhnlicher Anblick sind die Wallfahrergruppen, denen man unterwegs begegnet, auch wenn man weiß, dass Mariazell schon seit über 850 Jahren ein bedeutender Wallfahrtsort war und immer noch ist.

Mit der Gewissheit, gleich am Ziel zu sein, kommen wir die letzten Serpentinen hinauf und haben uns einen entspannten Abend in einem der urigen Wirtshäuser Mariazells verdient.

SEHENSWERTES

Fischauer Thermalbad
Badefreuden und Sommerfrische
Bad Fischau-Brunn, Hauptstraße 10

Gasthof Hubertushof Fromwald
Ganzjährig Wild aus der eigenen Jagd
Bad Fischau-Brunn, Wr. Neustädter Str. 20

Gutenstein: Probewohnen im Wohnwagen. *https://wohnwagon.at*

Raimundspiele Gutenstein
Sommertheater der besonderen Art
www.raimundspiele.at

Alpengasthof Kalte Kuchl
Bikertreff mit Naturbadesee
Kalte Kuchl 1, www.kaltekuchl.at

Zur Wuchtlwirtin
Am idyllischen Hubertussee
Mariazell, Walstern 18

Stadtheuriger
Gemütlich. Auch wenn's mal später wird.
Mariazell, Grazer Straße 19

©Spiller

Zieleinfahrt

Mariazellerbahn
Lilienfeld
Hohenberg
B20
B28
Rohr
Annaberg
Amt Mitterbach
Wienerbruck
B27
Ulreichsberg
B21
Gegend
Walster
Gscheid
Kernhof
Mitterbach
Hubertussee
Schwarzau
Kameltheater
Mariazell
B21
B20
Gußwerk
B23
1007m
875m
900m
Rohr/ Gebirge
600m
Markt Piesting
Pernitz
265m
Ulreichs-berg
300m
St. Aegyd
0km
15km
30km
45km
60km
75km
90km
115km
Mürzzuschlag
©Printmaps.net

Bad Vöslau
Lindabrunn
Pernitz
Vorder-
bruck
Gutenstein
Waidmanns-
feld
B21
A2
Felixdorf
Piesting
Markt
Piesting
Piestingtalradweg
Wiener
Neustadt
Gaaden
Bad
Fischau
Hohe Wand RW
Weikersdorf
Puchberg
Willendorf
St. Egyden
B17
Südbahn
Neunkirchen
Bad Erlach
S6
Gloggnitz
N

TOUR 19

Traisental talwärts

Eine Abfahrt von der Basilika Mariazell zum Stift Lilienfeld

Nach der sportlichen Herausforderung nach Mariazell dürfen wir uns nun über eine Tour mit sehr vielen Abfahrten freuen. Der **Traisentalradweg** ist in diese Richtung sehr angenehm zu fahren und wenn kein Gegenwind aufkommt, kann man manche Abschnitte ohne großen Einsatz von Muskelkraft, dafür aber mit ordentlich Zunder bewältigen. Die Beschilderung ist sehr gut, nach einer ersten leichten Aufwärtspassage geht es dann wie bereits versprochen mehr oder weniger stetig bergab und die kühle Traisen fließt auch meistens in unmittelbarer Nähe.

Los gehts vor der **Basilika Mariazell**. Bis die Kirche so aussah, wie man sie heute bewundern kann, brauchte es zwei größere Bauabschnitte sowie einen Brand mit anschließenden Reparaturmaßnahmen. Im 14. Jahrhundert entstand eine gotische Kirche mit 90m hohem Turm, dem heutigen Mittelturm. Im 17. Jahrhundert wurde die Basilika dann 40 Jahre lang deutlich vergrößert und im Stil des Barocks umgestaltet. Links und rechts des gotischen Turms wurden außerdem zwei barocke Türme errichtet. Zur Gründung Mariazells gibt es gleich drei Legenden. Die bekannteste besagt, dass 1157 der Mönch Magnus von seinem Orden in das Gebiet des heutigen Ortes gesandt wurde. Auf dem Weg versperrte ihm ein Fels das Weiterkommen und er stellte seine mitgebrachte Marienfigur auf diesem ab. Der Fels wurde gespalten und der

ANREISE
8630 Mariazell, Basilika

ÖFFENTLICH
Wien Westbf. › St. Pölten Hbf.
Dauer: 0:36; CJX5; fährt täglich
St. Pölten Hbf. › Mariazell
Dauer: 2:17-2:42; R56; fährt täglich

TOUR
87km (5½h) | S | ↑450hm | mittel
Mariazell › Lilienfeld › St. Pölten
Viel abwärts, Radwege oder ruhige Straßen

©Spiller
Beste Buchteln

Weg war frei. Daraufhin beschloss er, sich auf einer nahen Anhöhe niederzulassen und baute für die Marienfigur eine hölzerne Zelle, die ihm dann als Kapelle und Wohnraum diente. An der Stelle dieser ersten Zelle befindet sich seit 1690 die sogenannte Gnadenkapelle. Sie beherbergt eine Marienstatue, die jedes Jahr ein anderes Gewand erhält, das aus einem Fundus von rund 150 prachtvollen Kleidern gewählt wird. Rund um die Basilika herrscht ein ganz besonderes Flair, die Souvenirstände wirken sonderbar aus der Zeit gefallen, geben aber auch einen guten Eindruck, dass hier, schon lange bevor Museumsshops den Ausgang eines Museums markierten, gute Geschäfte mit Touristen bzw. in diesem Falle Pilgern zu machen waren.

Sobald wir uns auf den Sattel geschwungen haben, folgen wir links aus Mariazell hinaus dem Radweg 4 (Traisentalradweg). Wer Tour 18

Idyllisches Mariazellerland

absolviert hat, kennt den ersten Teil dieser Tour. Heute steht uns ein entspannter und angenehmer Start bevor, denn es geht die schon bekannten Serpentinen der Gutensteiner Straße bergab. Bald biegen wir links in den beschilderten Rechengraben ein. Bei geringer Verkehrs- und Pilgerdichte kann man hier wunderbar Tempo aufnehmen, bei mehr Betrieb heißt es bremsbereit zu sein.

Nun gehts beschaulich eine Weile am Bach entlang, stetig aber fast unmerklich bergauf und wir erreichen somit bald den **Hubertussee** und unmittelbar danach die *Wuchtlwirtin*. Der Hubertussee verdankt seine Entstehung der Feier der silbernen Hochzeit des Ehepaares Krupp im Jahr 1906. Der Stausee war das Geschenk von Margret Krupp an ihren jagdbegeisterten Mann und daher nach dem Hl. Hubertus benannt, dem sich die Jäger verbunden fühlen. Mit dem See wurde nicht nur die Stromversorgung dieser entlegenen Talenge gewährleistet, sondern auch die Landschaft durchaus aufgewertet. Rund um den See ließ Arthur Krupp dann im Laufe der Zeit ein Ensemble von Kleindenkmälern errichten, das heute unter Denkmalschutz steht.

Hier bieten sich einige wirklich schöne Fotomotive, die man beim Vorbeiradeln, neben der Achtsamkeit im Verkehr, immer im Blick haben sollte. Wem die Namen der beiden Krupps bekannt vorkommen: Wer bereits Tour 16 genossen hat, ist ihnen in Berndorf schon begegnet. Nach

©Spiller

Kaltes, klares Wasser

©Spiller

Hirschsichtung

Margret ist sogar die hiesige Kirche benannt.

Unser nächster Orientierungspunkt ist **Ulreichsberg**. Ab hier folgt die einzige sportlich-herausfordernde Passage des Tages nach **Gscheid**, dem höchsten Punkt der heutigen Tour. Der kurze Anstieg fällt deutlich leichter, wenn man weiß, dass nun eine herrliche und sehr lange Abfahrt folgt. Wir kommen nun durch **Kernhof** (Infos siehe Tour 18) und **St. Aegyd am Neuwalde**, bis wir schließlich **Lilienfeld** erreichen. Lilienfeld ist mit gut 2.000 Einwohnern die kleinste Bezirkshauptstadt Österreichs, kann sich aber aufgrund des seit 1202 bestehenden Stifts auf eine lange Tradition berufen. Die Klosteranlage gilt als eines der schönsten Denkmäler mittelalterlicher Baukunst in Österreich und ist das größte erhaltene zisterziensische Stift in Mitteleuropa. Das Siegel der Urkunde, mit der Herzog Friedrich II. der Streitbare die

Lilienfeld

Gründung des Stiftes Lilienfeld bestätigte, zeigt erstmals das rot-weiß-rote Wappen Österreichs. Neben der Bibliothek ist auch der exotische Klostergarten sehr sehenswert. Ein Abt mit grünem Daumen legte diesen im 19. Jahrhundert an und ließ dafür zahlreiche exotische Gehölze importieren. Der Garten zeigt den unterschiedlichen Zeitgeist des frühen 19. Jahrhunderts im Vergleich zum Barock. Strenge geometrische Formen sind out, idealistische Landschaftsbilder sind in. Verschlungene Pfade, Bachläufe und Teiche werden mit architektonischen Einbauten zu einer Wunschvorstellung romantischer Landschaften kombiniert und zeigen ein idealisiertes Bild der Natur. Die exotischen Pflanzen präsentieren die bunte Vielfalt der ganzen Welt in der kleinsten Bezirkshauptstadt.

Von Lilienfeld geht es nun weiterhin an der Traisen entlang und über **Traisen**, **Altenburg** und **Wilhelmsburg** erreichen wir schließlich mit der Landeshauptstadt **St. Pölten** das Ziel der heutigen Etappe. Wer mehr Informationen zum letzten Abschnitt braucht: siehe Tour 16.

SEHENSWERTES

Zur Wuchtlwirtin
Am idyllischen Hubertussee
Mariazell, Walstern 18

Tierpark Weisser Zoo: Kameltheater und Heimat des weißen Königstigers
Kernhof, Kamelplatz 1

Landgasthof zum Blumentritt
Wohlfühl-Gasthof mit Übernachtung
St. Aegyd/Neuwalde, Markt 20

Eisjause im Cafe Schuh
Hohenberg, Alte Hauptstraße 1

Gasthasthof Ebner
Hausmannskost im Gastgarten genießen
Lilienfeld, Zdarskystraße 10

Moti's Strandbar Salettl
Von Eiskaffee bis Schmalzbrot
Lilienfeld, Dörflstraße 6-8

Daisyworld.at
Lilienporzellan und mehr
Wilhelmsburg, Färbergasse 11

Traisentalradweg

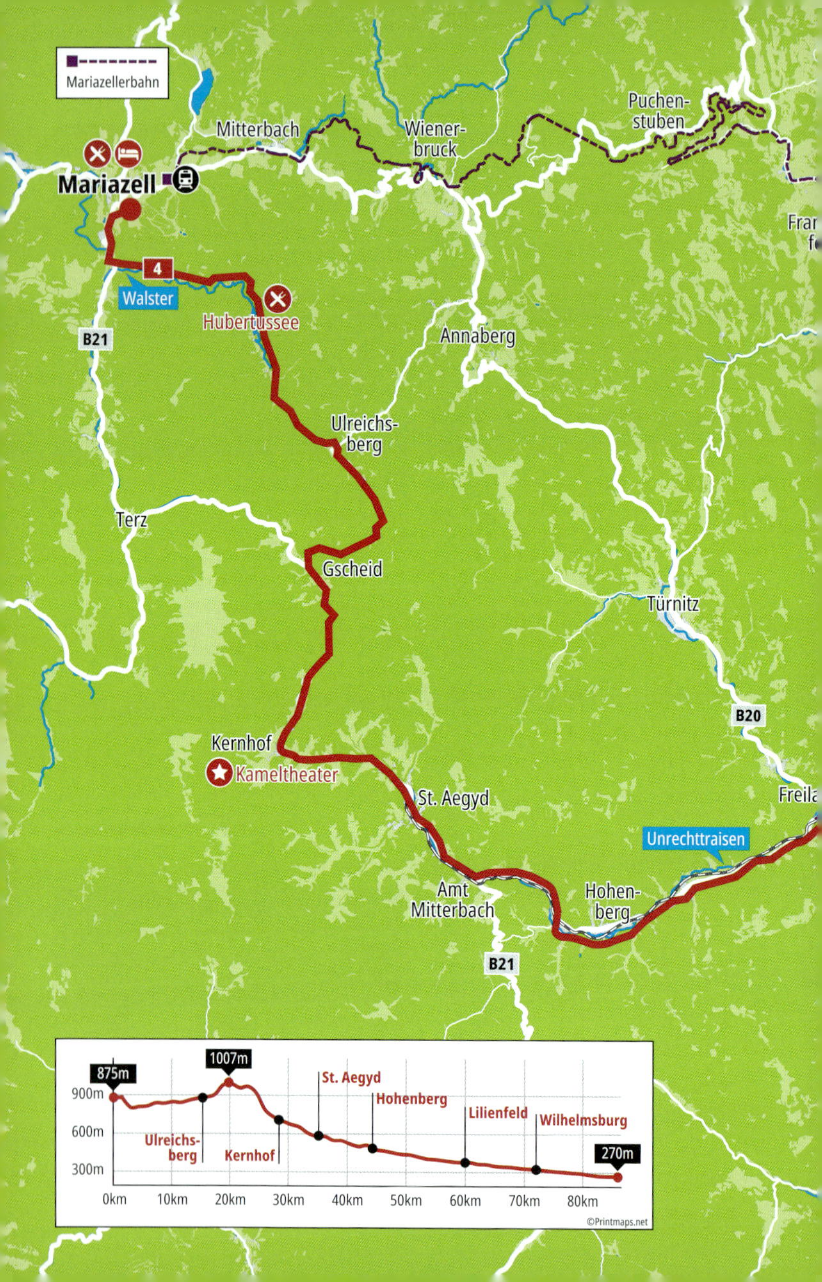
Mariazellerbahn
Mariazell
Mitterbach
Wiener-
bruck
Puchen-
stuben
Fran
4
Walster
Hubertussee
B21
Annaberg
Ulreichs-
berg
Terz
Gscheid
Türnitz
B20
Kernhof
Kameltheater
St. Aegyd
Freila
Unrechttraisen
Amt
Mitterbach
Hohen-
berg
B21
875m
1007m
900m
600m
300m
Ulreichs-
berg
Kernhof
St. Aegyd
Hohenberg
Lilienfeld
Wilhelmsburg
270m
0km
10km
20km
30km
40km
50km
60km
70km
80km
©Printmaps.net

Mank
B29
Loosdorf
Kirchberg
Rabenstein
Grünau
B1
Westbahn
Obergrafendorf
Lilienfeld
Göblas-
bruck
Wilhelms-
burg
St. Pölten
A1
St. Georgen
B20
Traisen
Traisen
Spratzern
B18
St. Veit

TOUR 20

Edles Obst

Äpfel mit Birnen vergleichen im Mostviertel

Ein höchster Punkt bei 380 Höhenmetern klingt erst einmal unspektakulär, dennoch ist diese Rundtour doch ein wenig anspruchsvoller, als man es auf den ersten Blick erwarten würde. Das hügelige Mostviertel schickt die Radelnden auf eine abwechslungsreiche Hochschaubahn. Besonders schön ist das Auf und Ab – sofern angenehme Temperaturen herrschen – wenn die Mostbirnenbäume Mitte bis Ende April in ganzer Pracht erblühen und der Mostfrühling gefeiert wird. Dieser findet am letzten Sonntag im April mit dem Tag des Mostes seinen Höhepunkt.

ANREISE
3300 Amstetten, Bahnhof

ÖFFENTLICH
Wien Hbf › Amstetten
Dauer: 1:15-1:32; CJX5; fährt täglich

TOUR
67km (6h) | R | ↑600hm | mittel
Amstetten › Dingfurt › Euratsfeld › Hausmening › Zeillern › Ardagger Stift › Viehdorf › Dingfurt › Amstetten
Hügelig, größtenteils Asphaltwege

Unser Startpunkt **Amstetten** ist ausgezeichnet per Bahn zu erreichen. Wir verlassen den Bahnhof am Ausgang »Eggersdorfer Straße« und halten uns kurz links. Auf einem kleinen Weg überqueren wir einen Bach und radeln diesen links entlang, bis wir einen ersten Wegweiser erspähen können. Diesem folgen wir geradeaus Richtung Ybbs und bleiben am Radweg bis nach **Dingfurt**. Ab hier orientieren wir uns an den Wegweisern der **Mostbaron-Radtour** erneut Richtung Ybbs. Anfangs kommt immer wieder die Ybbs ins Blickfeld, bevor es ab **Oberumberg** dann deutlich hügeliger wird. Auf dem Weg nach **Euratsfeld** und **Perbersdorf** passieren wir laufend Mostheurige am Wegesrand. Wer hier einkehren möchte, wirft sicherheitshalber vor Abfahrt einen Blick auf den Mostheurigenkalender. Vor allem an Wochenenden

©Spiller

Ybbsquerung

sollte sich jedoch immer ein offener Heuriger am Weg finden lassen. Im Mostviertel zwischen Enns und Ybbs hat man sich vor allem dem reinsortigen Birnenmost verschrieben. So wachsen hier an die 300.000 Birnenbäume, das ist die höchste Dichte an Mostbirnenbäumen in Mitteleuropa. Insgesamt werden 300 verschiedene Birnensorten im Mostviertel angebaut, von denen 30 Sorten auch zu Most verarbeitet werden. In allen anderen Mostregionen Europas dominiert im Gegensatz dazu der Apfelmost.

Auf der Fahrt von **Perbersdorf** nach **Neuhofen** kommen wir nicht nur an den allgegenwärtigen Birnbäumen, sondern auch am Platz der vergessenen Völker vorbei. Hier ziehen fünf mächtige Granitfelsen die Blicke auf sich. Diese symbolisieren die fünf Kontinente und stellen ein Mahnmal für mehr Toleranz und Völkerverständnis dar. Im Jahr 996, zum Zeit-

Mostbirnenblüte

punkt der ersten schriftlichen Erwähnung Ostarrichis, aus dem der Name Österreich werden sollte, bewohnten zahlreiche unterschiedliche Völker das Gebiet. Deshalb errichtete der deutsch-chilenische Künstler Miguel Horn 1999 diese Gedenkstätte, die an alle Völker erinnern soll, die im Laufe der Zeit aus der Gegend vertrieben wurden. Auch in **Neuhofen an der Ybbs** begegnen wir dann wieder Ostarrichi, hier allerdings gleich mit einem ganzen Museum, das 1996 zum 1.000-jährigen Jubiläum Österreichs eröffnet wurde.

Wir bleiben auf dem bekannten Radweg bis nach **Ried**. Ab hier folgen wir dem **Ybbstalradweg** bis **Wallmersdorf** und **Ulmerfeld**. Dort erwartet uns die Burg Ulmerfeld, eine der bemerkenswertesten mittelalterlichen Wehranlagen Niederösterreichs. Ihr Kern stammt aus dem 13. Jahrhundert und macht mit ihren nach außen hin weitgehend geschlossenen Mauerflächen auch heute noch einen sehr wehrhaften Eindruck. Seit ungefähr 30 Jahren ist die Burg wieder revitalisiert, während sie zwischenzeitlich im Eigentum einer Papierfabrik stand, die hier Arbeiterwohnungen errichtet hatte. Wenn die Aussichtswarte geöffnet ist, kann man 124 Stufen erklimmen, um so den herrlichen Blick über das Mostviertel zu genießen.

Anschließend queren wir wieder die Ybbs und erreichen bald **Mauer**. Nach der Bahnunterführung kommen wir zu einem Kreisverkehr. Der reguläre Radweg führt hier rechts die Haupt-

©Spiller

Durchfahrt nicht erwünscht

©Spiller

Schloss Ulmerfeld

straße weiter. Wer einen Stopp bei der *Mostelleria* einlegen möchte, fährt geradeaus die Kirchwegerstraße weiter. Das 1874 errichtete Presshaus steht am Dorfplatz von Öhling. Für Führungen, Verkostungen und Verkauf sind die Öffnungszeiten zu beachten.

Zu unserem Radweg retour kommen wir dann rechts bergab über die Ellingbachstraße. Beim Flachsberg gehts wieder bergan, aber wir werden durch eine lange Abfahrt nach der Autobahnunterführung belohnt. Nach **Oberzeillern** und **Zeillern** gehts immer wieder bergauf bergab durch **Zeitlbach**, **Empfing** und **Stephanshart** bis nach **Ardagger Stift**. Das Prunkstück der kleinen Gemeinde ist die Stiftskirche. Am 7. Jänner 1049 stiftete Kaiser Heinrich III. ein Weltpriesterkollegiatsstift zu Ehren der heiligen Märtyrerin Margarete. Nach der Legende dieser Märtyrerin wurde um ca. 1238 das noch im Original erhaltene berühmte Mar-

Im Katzengras

garethenfenster eingebaut; es stellt das Leben dieser Heiligen in einem der ältesten Kirchenfenster Mitteleuropas dar. Glücklicherweise wurde das Fenster im Jahr 1944 zum Schutz vor Kriegsschäden zugemauert, da man befürchtete, dass ein Ausbau zu gefährlich für das Fenster wäre. Da es so versteckt war, überstand es auch die Wirren nach dem Zweiten Weltkrieg unbeschadet. Man kann davon ausgehen, dass es sonst wie auch andere Kulturschätze verloren gegangen wäre. Nun folgen die letzten 15km durch **Viehdorf**, **Schiltdorf**, **Obernhof** und **Seisenegg**. Das hiesige Renaissanceschloss mit gotischer Kapelle und festlichem Rittersaal sieht auf Fotos spektakulär aus, ist aber nicht nur nicht zu besichtigen, sondern auch weitestgehend unsichtbar. Wer es trotzdem inspizieren möchte, sollte auf einer Hochzeit eingeladen sein, denn das Schloss kann für Events gemietet werden.

Für uns geht es jetzt noch weiter bis **Dingfurt,** wo wir auf den schon bekannten Radweg von der Anfahrt stoßen und auf diesem retour zum **Bahnhof Amstetten** gelangen.

SEHENSWERTES

Patisserie Naderer
Selbstgemachte Desserts & feiner Kaffee
Amstetten, Rathausstraße 13

Musical Sommer Amstetten
Rocken in der Pölz-Halle
avb.amstetten.at/musicalsommer

Farthofers Mostelleria
Produktions-, Verkaufs- und Verkostungsgebäude der Bio-Destillerie Farthofer
Öhling, Mostviertelplatz 6

Mostbaron von Pollenberg Zeilinger
Selbstgemachte Säfte am Vierkanthof genießen (Öffnungszeiten beachten)
Euratsfeld, Pollenberg 3

Stiftskirche Ardagger
Margaretenfenster aus dem Jahr 1237
Ardagger Stift 1

Birnbaum-Webcam
Immer die Birnbaumblüte im Auge
www.mostviertel.at/birnbaum-webcam

Stift Ardagger

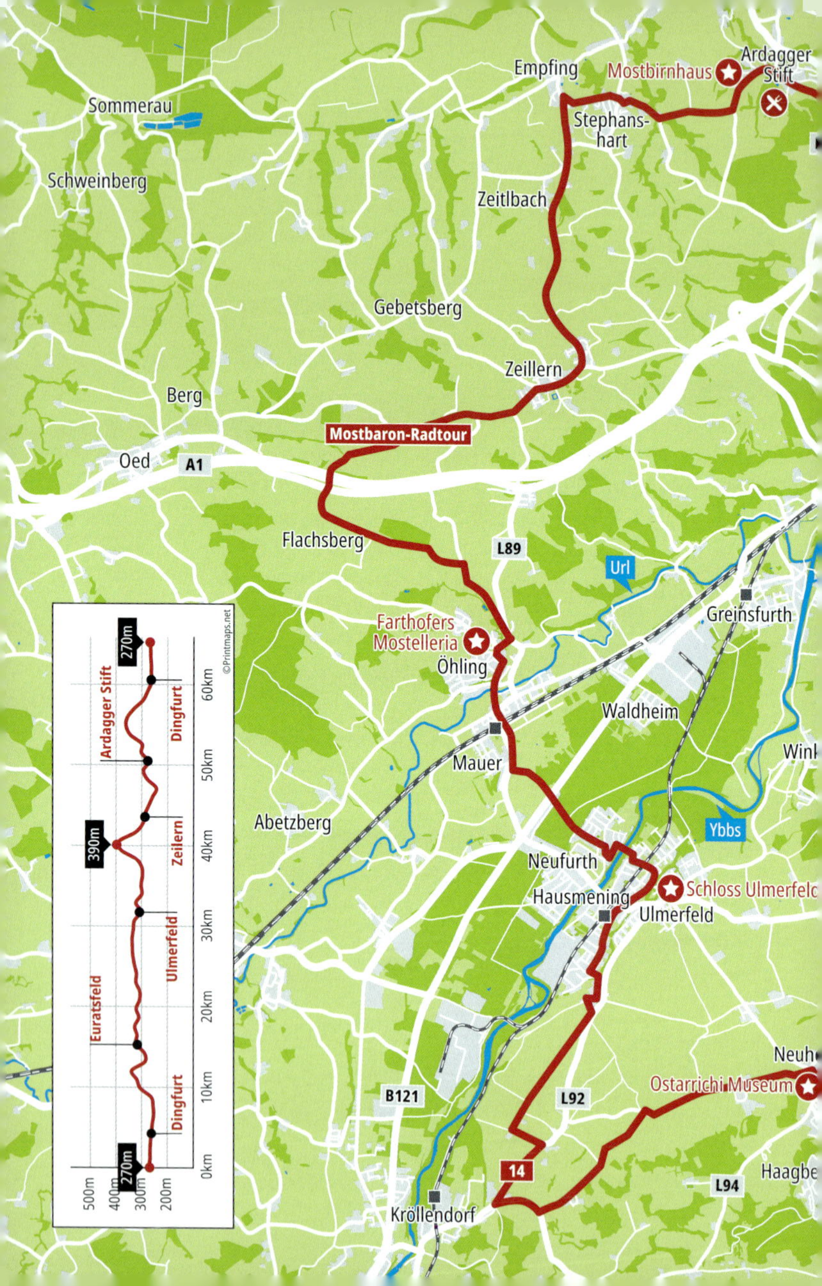

Empfing
Mostbirnhaus
Ardagger Stift
Sommerau
Stephans-hart
Schweinberg
Zeitlbach
Gebetsberg
Zeillern
Berg
Mostbaron-Radtour
Oed
A1
Flachsberg
L89
Url
Greinsfurth
Farthofers Mostelleria
Öhling
Waldheim
Mauer
Wink
Abetzberg
Ybbs
Neufurth
Hausmening
Schloss Ulmerfeld
Ulmerfeld
Neuh
Ostarrichi Museum
B121
L92
14
L94
Haagbe
Kröllendorf
270m
Ardagger Stift
Dingfurt
390m
Zeilern
Ulmerfeld
Euratsfeld
Dingfurt
270m
500m
400m
300m
200m
0km
10km
20km
30km
40km
50km
60km
©Printmaps.net

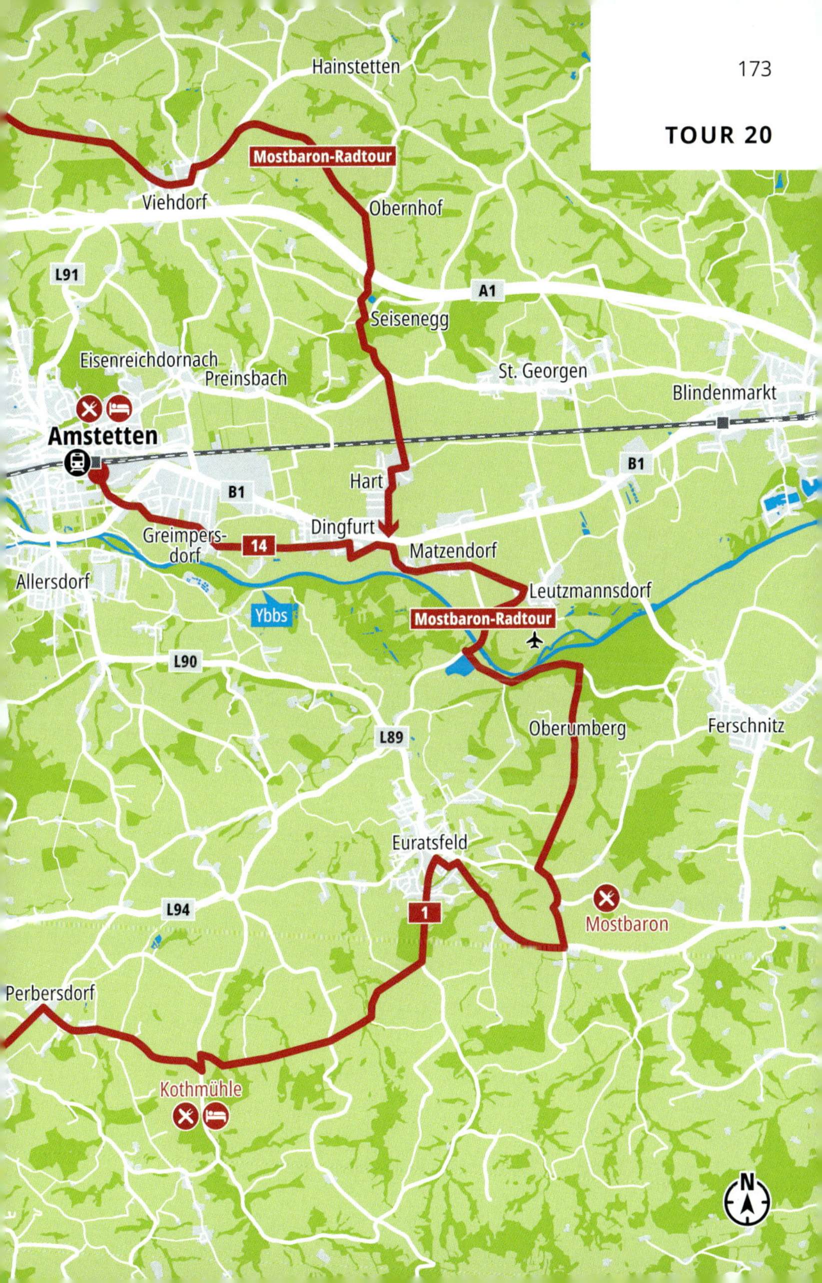
Hainstetten
Mostbaron-Radtour
Viehdorf
Obernhof
L91
A1
Seisenegg
Eisenreichdornach
Preinsbach
St. Georgen
Blindenmarkt
Amstetten
B1
Hart
B1
Dingfurt
Greimpers-
dorf
14
Matzendorf
Allersdorf
Leutzmannsdorf
Ybbs
Mostbaron-Radtour
L90
L89
Oberumberg
Ferschnitz
Euratsfeld
1
L94
Mostbaron
Perbersdorf
Kothmühle
N

Mehr Abenteuer

13 Jahre sind bereits seit dem Erscheinen des ersten »WildUrb« Buches vergangen. WIEN GEHT, unser Flaggschiff unter den urbigen Kultbüchern wurde mittlerweile in der 5. Auflage herausgegeben, wir konnten Berlin erobern und mit dem vorliegenden Buch sind insgesamt 20 Buchtitel erschienen. Hier findest du einen Auszug der Buchserie und unter **www.wildurb.at** unser gesamtes Verlagsprogramm.

ENDLICH WOCHENENDE 1

Niederösterreichs Norden und Osten, tschechische und slowakische Grenzorte

80 Touren entführen in 40 wundervolle Orte. So abwechslungsreich kann Wochenende sein.

Mit Wegbeschreibungen.

ENDLICH WOCHENENDE 2

Niederösterreichs Süden und Westen, Oberösterreichs Osten und Burgenland

80 Mikroabenteuer an 40 bekannten und unbekannten Orten erleben.

Alle Touren via QR-Codes online abrufbar.

ENDLICH WOCHENENDE 3

Land Salzburg erwandern & erleben

80 spannende Wanderungen in 40 Gemeinden. Entdecke das Land Salzburg vom Süden bis in den Norden und durch die einzelnen Gaue, auf bekannten und unbekannten Routen.

Alle Touren via QR-Codes online abrufbar.

WIEN GEHT

Die reizvollsten Spaziergänge der Stadt

Abenteuerlich oder erholsam, historisch oder modern, lieblich oder verwegen, kontrastreich oder grün, alleine oder gemeinsam:
Einfach gehen. Durch Wien.

Alle Touren via QR-Codes online abrufbar.

WIEN WANDERT

Die offiziellen Wanderwege der Stadt

Alle offiziellen Stadtwanderwege und Naturlehrpfade Wiens, »rundumadum« in 7 Tagesetappen sowie Informationen über Grillplätze, Naturdenkmäler, Stempelstationen uvm.

Alle Touren via QR-Codes online abrufbar.

WIEN RADELT

Die City und ihr Umland erfahren

20 Radtouren führen dich in das liebenswerte Wien hinein und drum herum. Mit dem Radl die Stadt und ihr Umland erkunden und frische Luft und Lebensfreude tanken.

Alle Touren via QR-Codes online abrufbar.

WIEN GEHT WEIT

Weitwandern ab Wien:
Neue und traditionelle Routen mit detaillierten Etappenplänen und Übernachtungstipps!

9 Weitwanderwege, bestehend aus 43 Tagesetappen. Mit Etappenplänen, Wegbeschreibungen, Historischem und Übernachtungstipps!